現代貨幣理論

MMTとケインズ経済学

第一生命経済研究所
経済調査部 首席エコノミスト
永濱利廣

ビジネス教育出版社

目次

第6章 日本の財政の誤解

第1章　ケインズ経済学の衝撃

1-1 ケインズ経済学以前の経済学

(1) 市場に任せる古典派経済学

学問の世界では、時に「革命」と呼ばれるほどの大きな変革が起きることがあります。たとえば、アルベルト・アインシュタインは１９０５年に「特殊相対性理論」「光量子論」「ブラウン運動の理論」を含む５つの論文を立て続けに発表していますが、それはまさに古典力学の基礎を築き、体系化したアイザック・ニュートン以来の物理学に革命と呼べるほどの衝撃を与えるものでした。

アインシュタイン以前と以後では、物理学の世界は大きく変化することになりましたが、かつて経済学の世界でもこうした一大革命が起きたことがあります。革命をもたらしたのは、イギリスの経済学者ジョン・メイナード・ケインズです。ケインズは１９３６年、『雇用・利子および貨幣の一般理論』という一冊の本を発表していますが、そこで「有効需要の原理」と呼ばれる新理論を提示、その革新的な理論によりのちに「ケインズ革命」と呼ばれるほどの衝撃を与えています。

本書のテーマは「ケインズ経済学」と「ＭＭＴ」について解説することですが、まずはその前段階として「ケインズ以前の経済学」がどのようなものであり、「ケインズ以後の経済学」がどのように推移してきたのかについて解説することにします。

そもそも、なぜケインズの発表した新理論に「革命」と呼ばれるほどの衝撃があったのかというと、それ以前の経済学が大きく覆ることになったという事実があります。

経済学の始祖であるアダム・スミス以前の絶対王政国家においては、「価値あるもの＝金銀」でした。そのため輸出に重きをおき、世界各国から通貨として流通していた金銀を集めようとしていました。これを重商主義と呼びます。

それに反するように生まれたのは、農業こそが富を生み出す源泉であると考える重農主義です。農業は小さな種から大きな作物を生み出します。工業や商業は、形を変えて便利にしている（変化させている）だけで、価値を生み出してはいないという考えです。

こうした幼稚ともいえる経済理論しかなかった時代に、経済学を理論的に確立させた人物がアダム・スミスです。

アダム・スミスは、１７７６年に『国富論』を発刊します。内容は多岐にわたりますが、注目するべきは、価値あるものは金銀でも農業でもなく労働であるとした労働価値説です。労働こそが価値を生み出す源泉であるとして分業などによって労働の生産性を高めることで富を増やせると考えました。

さらに、労働価値を高めるためには、設備投資や資本の蓄積が必要であり、そのためには市場において自由に競争することが大切だという自由主義経済思想も唱えています。また、政府の経済政策においては、統制や介入を極力排除して市場原理に任せるべきであると主張しています。各人が自由に自分の利益を追求したとしても、最終的には市場の自動調整機能（需要と供給の関係によって価格が自動的に決まる市場原理）という「見えざる手」によって価格は自ずと調整され、最適な資源配分が行われ、経済も発展すると考えました。

この考え方に立つと経済の処方箋はどうなるかというと、政府は何もすべきではないということになります。

だとすれば、それを阻害するような規制はできるだけ廃止した方がいいことになりますし、需要と供給は市場メカニズムによって自然と調節されるので、労働組合が無理やり賃金を引き上げるとか、カルテルで価格をつり上げるといった行為も市場の価格調節メカニズムを阻害するのでやらない方がいいという結論になります。

このアダム・スミスの考え方は、イギリス産業革命の理論的な支柱となり、その後の資本主義の発展をもたらすことになりました。その意味では、資本主義の発展には貢献したと言えますが、やがて先進諸国が植民地の獲得競争に血道を上げるようになり、また資本主義を否定する社会主義理論と激しく対立するなど問題も生じ始めました。

しかし、それ以上に深刻だったのは、その後のケインズ経済学が出てくるきっかけになった世界恐慌において、古典派経済学はまったく有効な処方箋を提示できなかったことでした。経済は常に安定しているわけではないので、いい時も悪い時もあります。特に長期間景気後退が続くいわゆる不況の時、そういった状況では市場に任せているだけでは経済はなかなか元に戻りません。
つまり、アダム・スミスの「見えざる手」はうまく機能せず、これがケインズ経済学の生まれるきっかけになったのです。

(2) 不況を説明できなかった古典派理論

景気は、基本的に循環するものです。景気が拡張して好景気の時もあれば、景気が後退して不景気の時もあります。不景気がさらに悪化して経済活動が停滞すると不況となり、そこからさらに進んで景気が急激に後退すると恐慌となりますが、世界恐慌以前には不景気はあってもそれなりに経済は回っていました。実際、イギリスにおいても10年おきくらいの景気循環は起きていましたが、それでも回復不能なほどのひどい状態になることはありませんでした。そのため、たとえ景気後退が起こったとしても、時間と共に回復するため、古典派経済学の限界が指摘されることはありませんでした。しかし、恐慌が起きるようになると、古典派経済学の抱える限界が露呈します。

恐慌の問題点は、失業者が大量に出ることです。失業者は収入がなくなるので、買いたいものも買えなくなります。企業からすればものを売りたくても売れなくなり、商品が大量に売れ残ることになります。すると、商品をつくる工場の稼働率も低下することになり、ものが売れなければば店も倒産します。収入がなければ家賃を払えない人も出てくるため、空き家や空き室も増加します。こうして不景気がさらなる不景気を呼び、その累積がさらなる不況を招くことになります。

こうした負のスパイラルに陥ったとしても、それまでの古典派経済学の理論では、ものが売れなければ価格が下がり、消費者は安くなった商品をたくさん購入するはずで、需要が大きくなり、やがていいバランスの価格に落ち着きます。こうして不景気は長引かないはずでしたが、実際の恐慌は収まるどころかさらに長引いてしまい、「なぜそうなるのか」について古典派経済学では説明することができませんでした。

古典派経済学では、のちに説明する「セイの法則」により「つくったものは必ず売れる」はずです。労働賃金を下げていけば必ず全員が雇用される「完全雇用」が実現するわけですから、ものの売れない不景気がなぜ長引くのか、なぜ大量の失業者が出るのかを説明することは困難だったのです。

■世界恐慌で古典派経済学の限界が見えた

古典派経済学の限界が顕在化したのが、１９２９年のウォール街大暴落をきっかけとした世界恐慌でした。古典派経済学では説明できない大量の失業が長期化し、ケインズの暮らすイギリスにおいては、１９３１年時点で実に２８０万人もの失業者が存在したと言われています。当然、ケインズは古典派経済学の理論も熟知していましたが、それだけでは説明のつかない厳しい現実を前にして「何が足りないのか？」「どうすれば問題を解決できるのか？」と考えた結果、新たな不況に対する処方箋を下せる理論としてケインズが考案したのが「雇用と利子とお金の一般理論」なのです。

1-2 ケインズの「一般理論」誕生

(1)「一般理論」の革新

古典派経済学が前提としていたのは、フランスの経済学者ジャン＝パティスト・セイが発見した「セイの法則」です。「セイの法則」というのは、あらゆる経済活動は物々交換であり、需要と供給が一致しない時は価格調整が行われ、仮に供給が需要を上回ったとしても価格が下がるので、ほとんどの場合、需要が増えて最終的に需要と供給は一致するという考え方です。

たとえば、あるスーパーが新作おにぎりを一個１５０円で売り出したところ、思うように売れませんでした。そこで、思い切って1個70円にしてもやはり売れ行きは伸びません。仕方なく1個30円にしたところ、そのおにぎりを加工して別の料理にしようと、１人の料理人がすべて買い占めていきました。このように、価格をどんどん下げていけば、結果的に商品は売り切れるというのが「セイの法則」です。

つまり、供給はそれと等しい需要をつくるという考え方ですが、この考え方でいくと、過剰生産により大量の在庫が生まれ、景気が低迷したとしても、それは一時的現象に過ぎません。やがては需要と供給のバランスが取れて景気は回復するため、政府は景気回復のために何らかの手段を講じる必要はなくなります。

さらに「セイの法則」では、生産によって生み出された所得は必ず消費か貯蓄に回り、消費は消費財の購入につながります。そして、貯蓄は預金を通じて資本市場で投資需要と結び付いて雇用を生み出すため、仮に景気の後退によって失業者が増えたとしても、最終的には人々は資本市場で雇用されることで完全雇用をもたらし、大量の失業状態が長く続くことはないと考えられていました。

古典派経済学でも、セイの法則に対する疑問を投げかける人がいなかったわけではありませんが、先ほども触れたように、世界恐慌以前にはある程度の不景気はあっても、回復不能な状態に陥ることがなかったため、セイの法則が否定されることはありませんでした。しかし、世界恐慌という厳しい経済局面においては、いくら価格を下げてもものが売れない状態に陥り、セイの法則が成り立たないことをはっきりと示したのです。

もしセイの法則が正しいとすれば、供給はそれと等しいだけの需要をつくり出すわけですから、そもそも需要不足など起きないはずですし、完全雇用状態ももたらされるはずです。しかし現実には、イギリスは１９２０年代に入って以来、高い失業率に悩まされていました。ケインズは、これら長期に渡る大量の失業者の大半は需要不足に基づく「非自発的失業者」であると考えました。

そこでケインズは、古典派経済学が信じ続けていたセイの法則と決別して、具体的な購買意思に基づいた需要である有効需要が重要だと発見します。需要とは、何かを欲しいと思う気持ちです。たとえば、車が欲しいという気持ちは需要がある状態です。しかし、預貯金もなければ収入もない人が車を欲しいと思っても、絶対に購買活動には結び付きません。貯金もあって収入のある人が、車が欲しいと思えばそれが有効需要です。難しい言葉で説明すると、貨幣的支出の裏付けのある需要です。

この有効需要の大きさが供給の大きさを決めるものであり、その不足が生産量を低い水準に留めるため不況が長期化し、働く意思がありながら職に就くことができない「非自発的失業者」を生むことになるというのが「有効需要の原理」です。

つまり、経済を立て直すためには、欲しい商品を購入できる有効需要を大きくしなければいけません。

有効需要の原理を支える「乗数理論」と「流動性選好」

ケインズの「有効需要の原理」を支える二本の柱が、「乗数理論」と「流動性選好説」です。

乗数理論とは、一回の投資でどれだけ多くの波及効果を出せるのかという理論です。たとえば、100万円を息子にプレゼントしたら、タンス預金しました。この場合の経済波及効果は、ほとんどありません。しかし、100万円で道路に信号を付けたとします。そうすると信号機を作った会社や取り付け作業を行った会社にお金が渡ります。そのお金が従業員の給料になります。その給料を使って飲食店で飲み食いをします。その飲食店が潤うことで……と、1回お金を使っただけでそのお金がどんどん広がっていく波及効果をどれだけ出せるかが重要であるというのが乗数理論です。

「流動性選好説」とは、お金を使いやすい形で持っておくことには一定の価値があることを示しています。1万円預けておけば、一年後に10,500円になって必ず戻ってくる債券があります。その債券は、銀行や証券会社でいつでも現金1万円に換金できます。そうであるなら、全財産を現金で持っておくよりその債券で保有しておくのが最善に見えます。しかし、お金を使うときいちいち換金しなければいけないのは不便です。だから、ある程度は現金で持っておくという選択をする方がほとんどでしょう。

流動性の高さとは、お金がどれだけ使いやすい状態かを示しています。そしてケインズは、債券の利子というのは、便利さを放棄した代わりに得られる対価であると考えました。

世界恐慌の対策は金融・財政政策

このように、古典派経済学がモノとモノの関係だけで考えていたのに対し、ケインズはモノの市場にお金（貨幣）の市場を取り入れましたが、そこに新しさがあります。

モノの市場は貨幣の市場に制約され、金利はお金の需給で決まります。資金需要が高ければ金利は上がり、低ければ下がります。投資はその金利水準より儲からなければ行われません。そして、流通する貨幣量の範囲でしか経済活動は行われることはありません。つまり、その経済活動の範囲でしか雇用は生み出されず、お金の供給量次第では需要の不足が生じ、雇用は生まれず、失業が発生するというのがケインズの分析であり、世界恐慌後の長引く不況がケインズの見解の正しさを裏付けています。

では、こうした世界恐慌に政府はどう対処すべきかというと、古典派経済学のように「見えざる手」に任せるのではなく、政府が貨幣の供給量を増やして利子率を下げるといった今で言う金融政策を行い、政府自らが公共投資や減税といった今で言う財政政策を行うことで能動的に雇用を増やし、失業率を減らすべきと提示したのです。

これらが、いわゆる「ケインズ政策」と呼ばれているものですが、実際に１９３１〜１９３３年にかけてイギリスとアメリカが金本位制を離脱して拡張的な金融政策に移行したことや、１９３３年から39年にかけてアメリカのフランクリン・ルーズベルト大統領が経済危機を克服するために実施したニューディール政策、さらには第二次世界大戦という巨大な公共事業が失業者を減らしたことなどで、ケインズ理論の有効性が実証されました。

ちなみに、世界恐慌の時、最初に経済を立て直したのは日本です。1931年に犬養毅首相に請われて4度目の大蔵大臣に就任した高橋是清氏は、金輸出再禁止や日銀引き受けによる政府支出の増額などにより、世界恐慌によって混乱する日本経済をデフレから世界最速で脱出させていますが、これら高橋氏が行った施策はケインズ政策の先取りだったと言うことができます。

(2)「一般理論」の数学的モデル

ケインズは、こうした一般理論を打ち出したわけですが、必ずしも一気に広まったわけではありません。ケインズの一般理論を支える2つのアイデアである「乗数理論」と「流動性選好理論」を、1936年にイギリスの経済学者ジョン・リチャード・ヒックスが数学的モデルにした「IS−LM分析」を考案し、ケインズ経済学が広まるきっかけをつくっています。

「IS−LM分析」はマクロ経済学の教科書に採用され、多くの学生がケインズ経済学を学ぶに当たり、最初に教えられるほどポピュラーなものになっています。

IS曲線のISは「投資」(Investment)と「貯蓄」(Saving)の頭文字で、IS曲線とは「財市場」において投資と貯蓄が等しくなるような「国民所得」と「利子率」の組み合わせを表します。

ＬＭ曲線のＬＭは「貨幣需要」（Liquidity preference）と「貨幣供給」（Money supply）の頭文字で、ＬＭ曲線とは「貨幣市場」において貨幣需要と貨幣供給が等しくなるような「国民所得」と「利子率」の組み合わせを表しています。

そして、ＩＳ曲線とＬＭ曲線を同時に描くと「国民所得」と「利子率」の均衡点が決まり、財政政策や金融政策の効果を分析できることになり、そのために「ＩＳ－ＬＭ分析」は用いられます。

古典派経済学は個別の需給で考えていたのに対し、ケインズ経済学は経済の個別の需給の寄せ集めではなく、財（モノやサービス）の市場と貨幣の市場が金利を通じて相互作用すると考えます。そして、これにより金融市場の状況次第で財の市場が完全雇用以外でも均衡することが説明できます。経済政策の根本は、いかに雇用をつくり失業を減らすかですから、「なぜ完全雇用が実現できないのか」「なぜ長期に渡って大量の失業者が生まれるのか」を知るうえでもＩＳ－ＬＭ分析の持つ意味はとても大きいものでした。

順を追って説明することにします。

■ＩＳ曲線

ＩＳ曲線は、財市場におけるＧＤＰの変化を表しています。そして、ＧＤＰは以下の式で求められます。

財市場（≒労働市場）国民所得＝総生産＝消費＋投資（住宅投資、設備投資、在庫投資）＋政府支出＋純輸出（輸出－輸入）

そして、ＩＳ曲線は次の式により求められます。

Ｙ＝Ｃ（Ｙ－Ｔ（Ｙ））＋Ｇ＋Ｉ（ｒ）＋ＮＸ（Ｙ）

消費Ｃは所得Ｙと租税Ｔの差である可処分所得と消費性向で決まります。

投資Ｉは利子率ｒよりも投資収益率が高い案件が実施されます。理由は貯蓄によって得られる利息よりも儲かるからです。

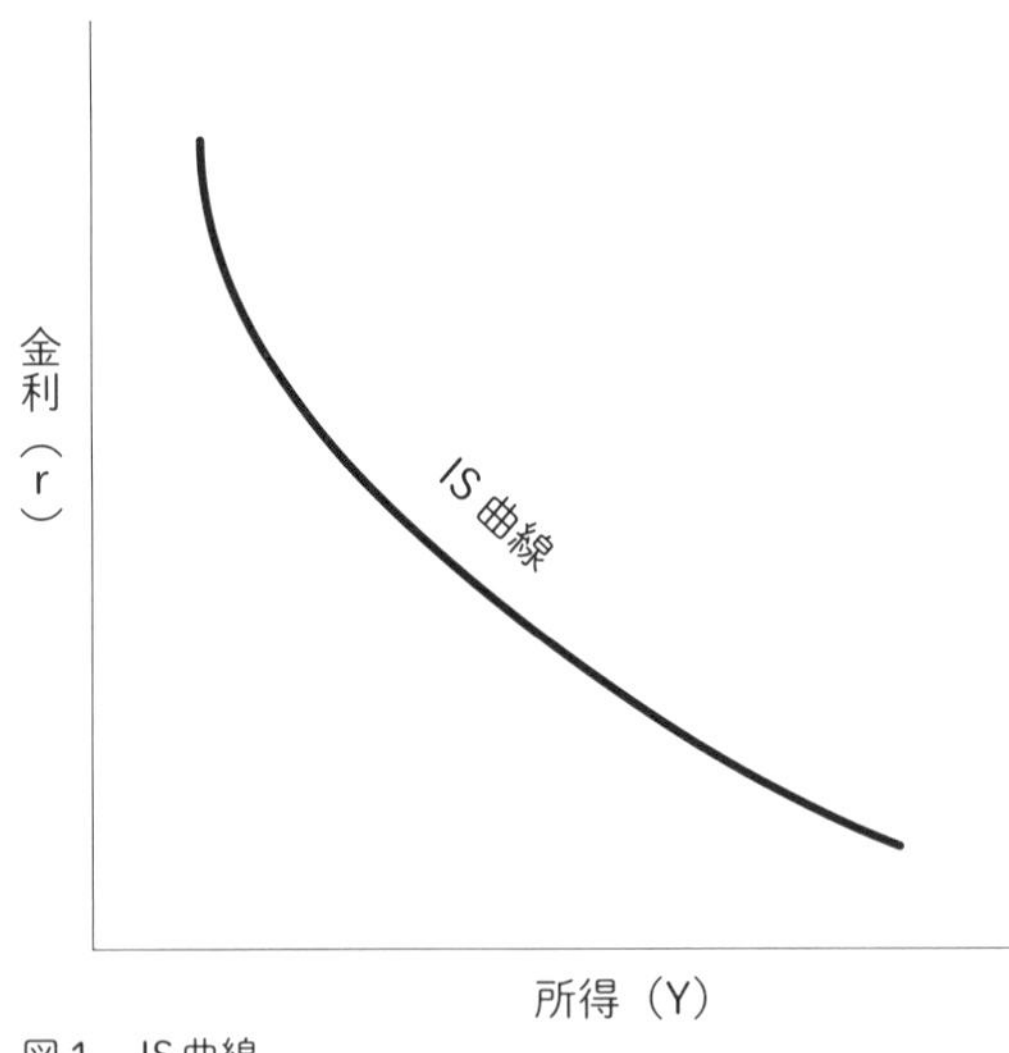

図１　IS曲線

租税Tと純輸出NXは所得Yに依存し、政府支出Gは政府による操作が可能です。

ＩＳ曲線が教えてくれるのは、「国民所得と金利の関係」です。利子率が上がると金利よりも収益率が低く儲からない投資は見送られて、貯蓄に回るお金が増えます。そのため、金利が上がると投資が減って国民所得が下がるのに対し、利子率が低下するとお金も借りやすくなりますし、投資の方が金利よりも収益率が高くなり、貯蓄より儲かるため、世の中に出回るお金が増えて、国民所得も増加します。

LM曲線

ＬＭ曲線は、貨幣市場を均衡させる国民所得と利子率の組み合わせを表しています。

金利は貨幣の需要量と供給量に左右されますが、では貨幣の需要量（L）はどうやって決まるのかというと、買い物などの取引に使うための取引需要（L_1）と予備のための投機的需要（L_2）によって決まります。

そして、取引需要（L_1）は概ね所得（Y）に比例し、投機的需要（L_2）は金利が高いと利息がつく財産を増やすためL_2を減らすことになります。

一方、世の中に供給される貨幣の供給量（M_s）は中央銀行が決めるため、貨幣需要はその枠内で決まることになります。そのため、所得が増えればL_1が高まるため、必然的にL_2を減らすことが必要になります。

これは、債券価格が下がり、利子率（ｒ）の上昇で達成されます。

これをグラフ化したものがＬＭ曲線となり、次の式により求められます。（図２）

> 貨幣供給量Ｍｓ＝貨幣需要量Ｌ（Ｙ、ｒ）
> ＝L_1（Ｙ）＋L_2（ｒ）

ＬＭ曲線が教えてくれるのは、金利が上がると投機や予備用の現金が減って、その分、取引用の現金が増えてＧＤＰも上昇するのに対し、ＧＤＰが下がると取引用の現金が不要になり、それらは投機や予備に回るため金利は下がるということです。

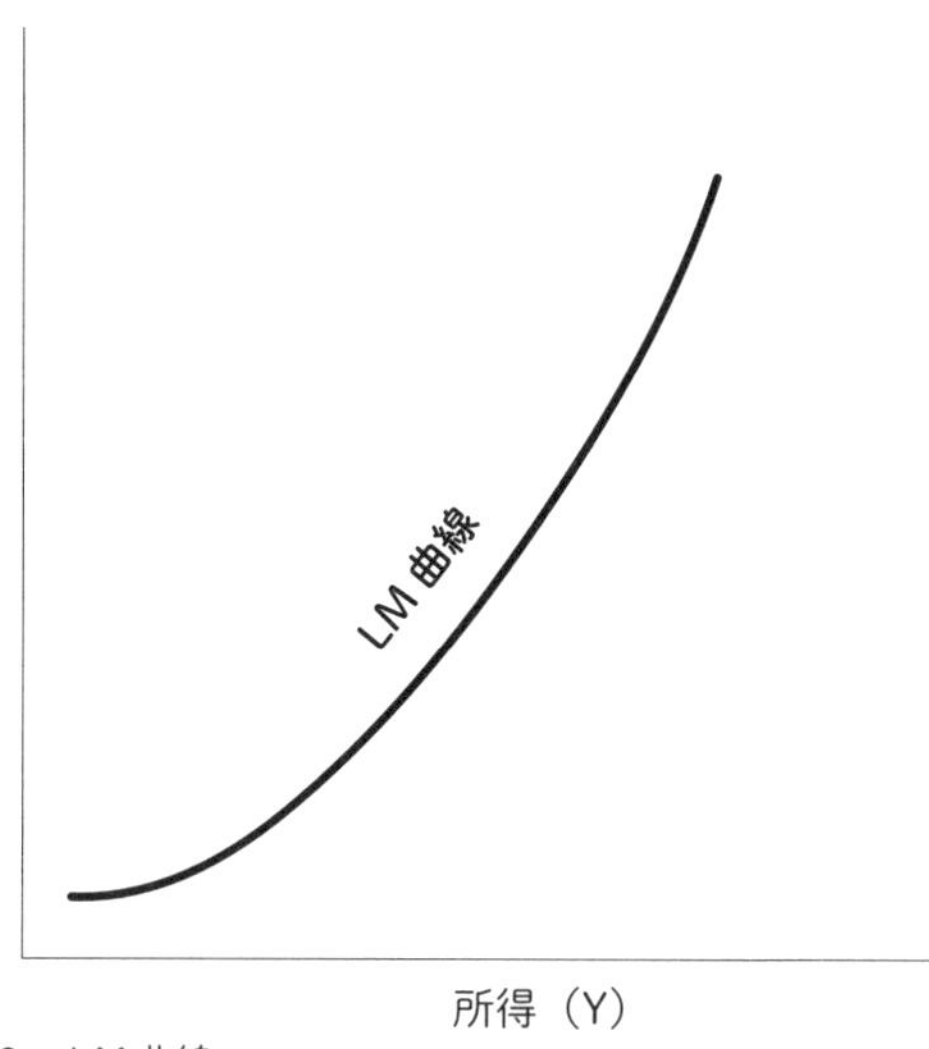

図２　LM曲線

■ＩＳ－ＬＭ分析

ＩＳ曲線とＬＭ曲線は、財市場と貨幣市場が同時に均衡する「国民所得」と「利子率」を算出することで、財政投資や金融政策の効果を分析するために使われます。

ＩＳ曲線とＬＭ曲線が交わるところが実際の金利（r）と総所得＝総生産、つまりＧＤＰとなり、ＧＤＰ次第で雇用の水準も決まります。そして、実際の雇用と完全雇用の差が「失業」となり、古典派経済学が信じていたように、失業は自然に解消されることはないということが分かります。

ここから導き出されたのが、不景気や恐慌などにより大量の失業者が出ている場合は、消費を増やすための減税や、投資を増やすために金利を引き下げる、政府自らが公共投資などを行うといった対策をしなければならないという古典派経済学とはまるで違う能動的な政策提案です。実際に、金本位制の離脱による拡張的な金融政策や、ニューディール政策や第二次世界大戦後の復興政策などの財政政策はケインズ経済学に基づいており、経済政策立案においても非常に有益な理論であると高く評価されます。

実は、第二次安倍内閣が行ったアベノミクスは、こうしたオーソドックスな経済理論で説明できます。当初、日本では驚きをもって迎えられましたが、実際には経済政策のセオリーに則った当たり

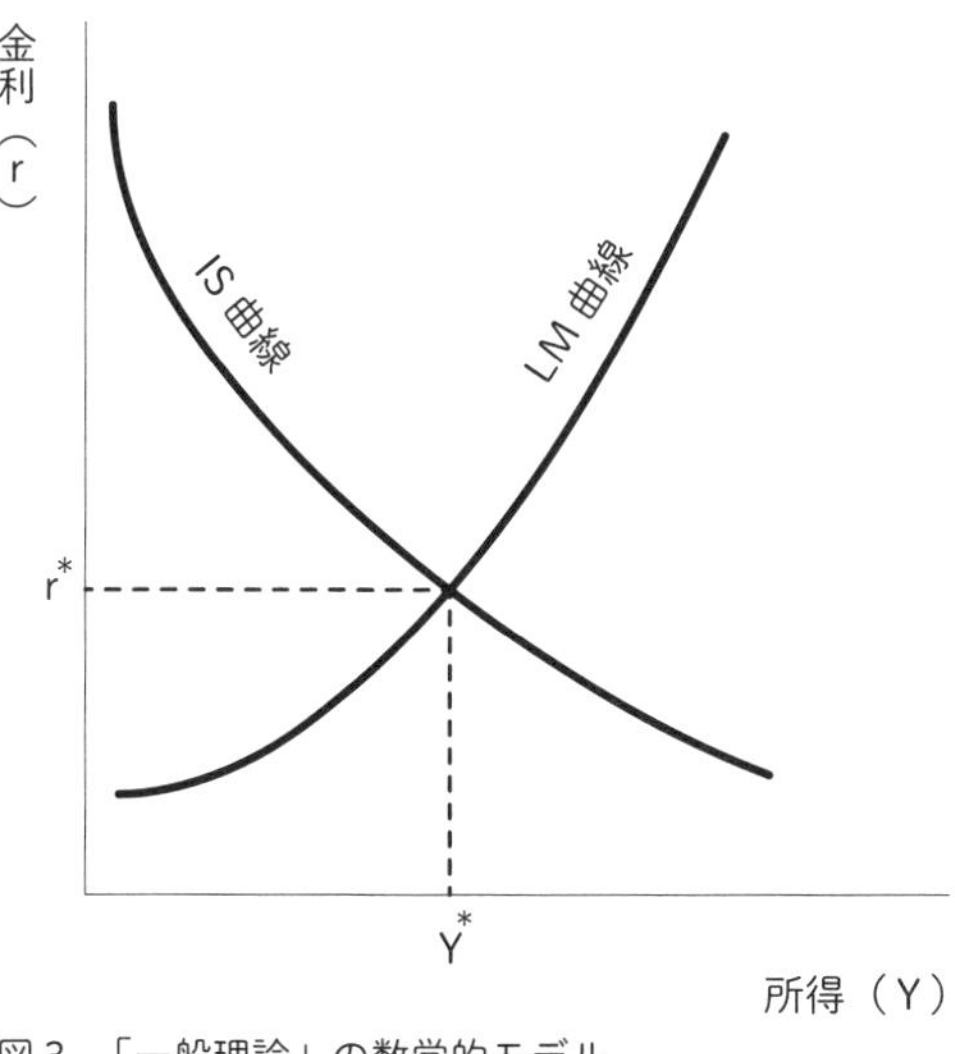

図３　「一般理論」の数学的モデル

前のものであったと言うことができます。

後述しますが、一時期「ケインズ経済学はダメだ」という論調もありましたが、２００８年にリーマン・ショックが起きた際に、その経済危機に対応できたのがケインズ経済学であり、それこそが唯一の解決策でした。そのお陰でアメリカはいち早く危機から回復することができたわけですが、アベノミクスも実はリーマン・ショック後のアメリカのやり方を参考にしています。

アベノミクスの「３本の矢」とは、「大胆な金融緩和」「機動的な財政政策」「民間投資を喚起する成長戦略」の３つを指しています。

まず第１の矢の「大胆な金融政策」ですが、具体的には「２％のインフレ目標」を掲げて「無制限の金融緩和」をすることによって「予想インフレ率」を高めて実質利子率を下げる、つまりＬＭ曲線を下にシフトする政策です。

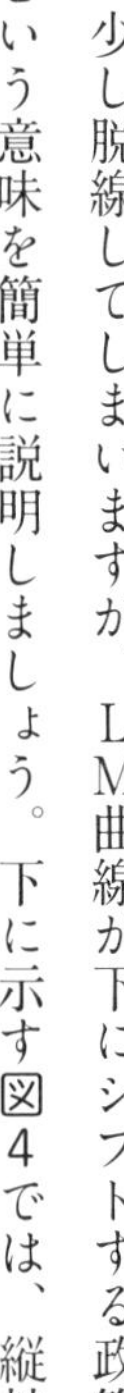

少し脱線してしまいますが、ＬＭ曲線が下にシフトする政策という意味を簡単に説明しましょう。下に示す図４では、縦軸

図４　流動性の罠

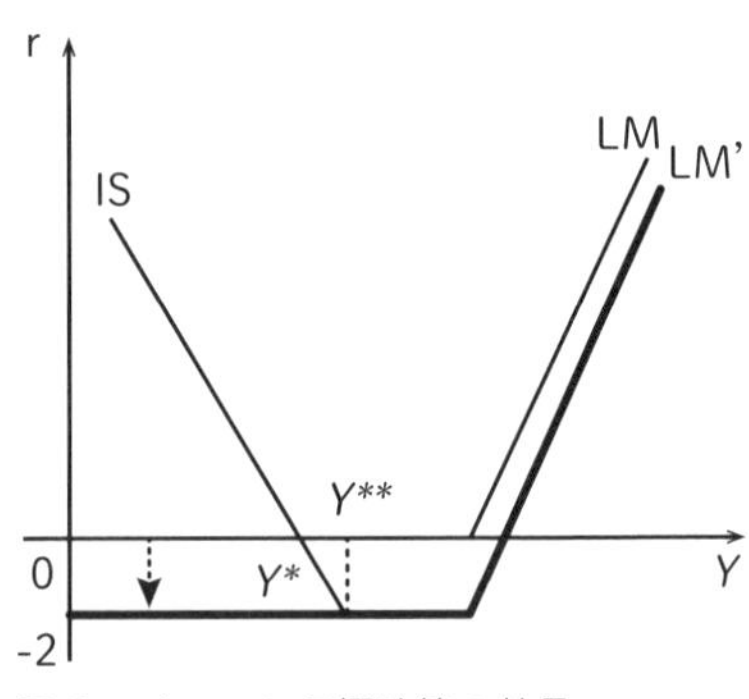

図５　インフレ目標政策の効果

は実質利子率を表しており、ＬＭ曲線は予想インフレ率がゼロのケースを表していると想像してください。このときＬＭ曲線の非負制約はｒⅥ０となり、横軸にぶつかったところから水平になります。そうなると、景気が低迷してＩＳ曲線との交点が水平の部分で生じれば、実質ＧＤＰはY^*になります。このように、ゼロ金利で均衡している場合には、ＬＭ曲線を右にシフトさせても通常の金融政策は効果を持ちません。これが「流動性の罠」です。

しかし、インフレ目標を２％として人々がそれを信じ、予想インフレ率も２％になったとしましょう。それを図5に示すと、ＬＭ曲線の非負制約はｒⅣ－２となり、ＬＭ曲線は下にシフトすることになります。そうすると、実質ＧＤＰはY^*からY^{**}へと増加します。

これが、ＬＭ曲線が下にシフトする政策という意味です。

なお、当時は「大胆な」という言葉を使っていましたが、欧米では既にやっていたことであり、大胆というよりはグローバルスタンダードな金融政策でした。

第２の矢である「機動的な財政政策」は、公共投資や減税等によって政府が使うお金を増やすというものです。ただし、たしかに初年度は財政を出しましたが、その後、消費増税という財政支出拡大と逆のことをやってしまったのはあまり感心できません。

そして、第３の矢の「民間投資を喚起する成長戦略」は、国内のビジネス環境を整えて新たな投資機会を増やすというもので、これにより潜在ＧＤＰ成長率を高めることになります。

結果、日本経済は長すぎるデフレから徐々に回復へと向かうことになりましたが、このようにアベノミクスはケインズ経済学を元にした経済政策をとることで、一定の効果を上げることができました。

その意味では、ケインズ経済学は今もその効果が評価されているわけですが、もちろんその歴史は賞賛ばかり、成功ばかりではなく、ここに至るまでにさまざまな紆余曲折を経ているのもたしかです。以下、「ケインズ以後」を見ていくことにします。

1-3　ケインズ経済学のその後

(1)　ケインズ経済学の繁栄と限界

ケインズは１９３６年に発表した『雇用・利子および貨幣の一般理論』によって「有効需要の原理」を樹立、古典派経済学では説明のつかなかった長期の不況や大量の失業者がなぜ生まれるのかについて理論的に説明しただけでなく、その解決のためには政府による積極的な金融政策や財政政策が欠かせないという、言わば処方箋も提示することで、経済学史上「ケインズ革命」と呼ばれるほどの大変革を成し遂げています。

もし、ケインズ経済学が学問上の新しい理論というだけなら、「革命」と呼ばれることはなかったかもしれません。しかし、ケインズ理論は金融政策のみならず、アメリカのニューディール政策や、その後の第二次世界大戦、さらには戦後の復興のための大規模な公共投資などの財政政策を正当化するものとなり、人々の生活水準の向上や安定に寄与、現実に完全雇用に近い状態を実現したことでその地位を確固たるものとしました。

しかし、完全雇用に近い状態になった1960年代以降、経済の過熱によるインフレという新たな問題に各国は直面し、ケインズ経済学の問題点が指摘されるようになりました。ケインズ経済学は完全雇用ではない、つまり大量の失業者が街にあふれている時代に生み出された経済学であり、ケインズが追い求めた完全雇用が実現することによってその弱点が現れたのはある意味、仕方がありません。

特に問題になったのは、ケインズ理論を元に実証された「失業率が低いほど物価上昇率は高く、失業率が高いほど物価上昇率は低い」という「フィリップス曲線」（イギリスの経済学者アルバン・ウィリアム・フィリップスが1958年に考案）が崩れ、高失業・高インフレの「スタグフレーション」（景気停滞 stagnation と物価上昇 inflation の合成語）が各国で発生したことでした。

フィリップスが提唱したように、本来、物価水準は一般的には好況期には上昇し、景気が停滞すると低下するものであり、失業率の上昇と物価上昇は併存しないと考えられていました。しかし、１９７０年以降、欧米諸国では生産活動が停滞して失業率が増大するという停滞期にもかかわらず、物価は好況期と変わらずに上昇するという傾向が顕著になってきました。

かつて世界恐慌という危機に陥った世界は、ケインズ理論によって危機を克服したばかりか、未曽有の繁栄を遂げることになりました。しかし、不況を克服して繁栄の時代を迎える中でそれまでに経験したことのない問題が起こるようになり、その問題をケインズ理論では解決できなくなったのです。

さらに追い打ちをかけたのが、ケインズ理論に支えられて推し進めてきた多くの公共事業やあまりに大きくなりすぎた政府に対する批判でした。日本でも戦後の復興から高度成長期にかけて多くの公共事業を行い、その過程ではムダなものもたくさんつくったという歴史があります。しかし、それができたのも奇跡と言われるほどの高度経済成長があったからです。

世界の繁栄を支えたケインズ理論は、１９７３年の第一次オイルショックと１９７９年の第二次オイルショックにより崩壊し、かつてケインズが批判した古典派経済学が見直されることに

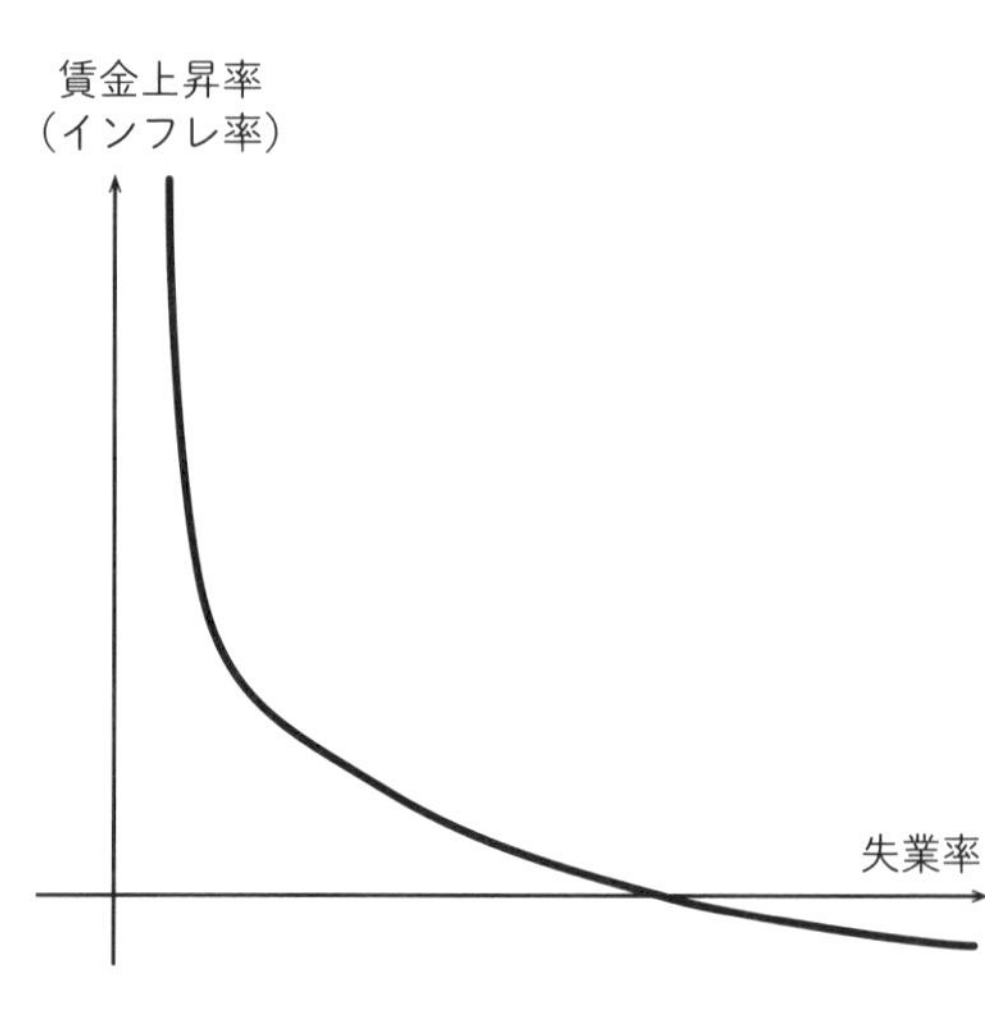

図６　フィリップス曲線

なったのです。

(2) 古典派経済学の復活

世界恐慌を前に古典派経済学が何の解決策も提示できない中、それに代わる経済政策を提言することでケインズ経済学は黄金時代を迎えることになりました。しかし、皮肉にもケインズ経済学は目標としていた完全雇用に近い状態を実現したあとに生じた問題への解決策を示すことができなかったことで、新古典派経済学と呼ばれる経済学者の台頭を招いています。

その1人がマネタリスト（財政政策を重視するケインズ経済学に対して、貨幣の供給を行う中央銀行の役割など経済における貨幣的な側面を重視する経済学者）のミルトン・フリードマンです。

既に紹介したフィリップス曲線は、景気が良くなり物価が上昇すると失業率が下がり、景気が悪くなって物価が下がる

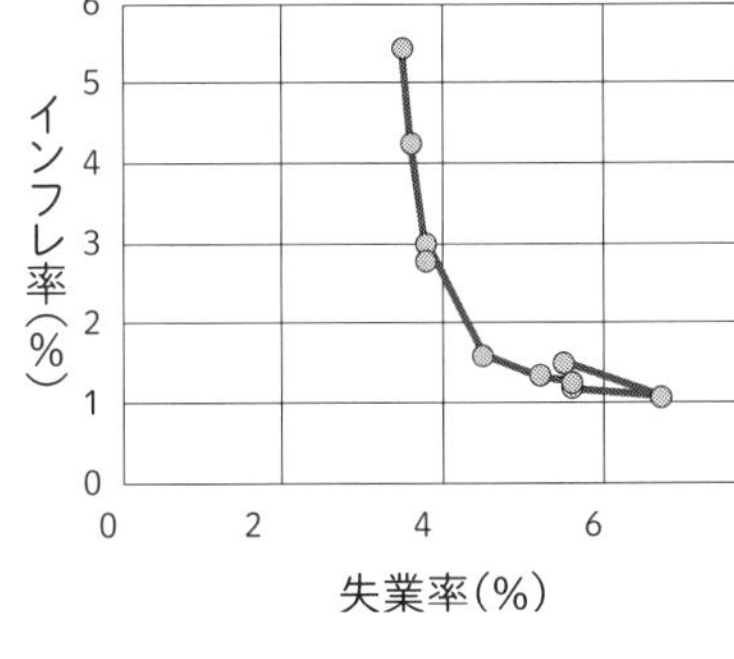

図7　米国のフィリップス曲線（1960年代）

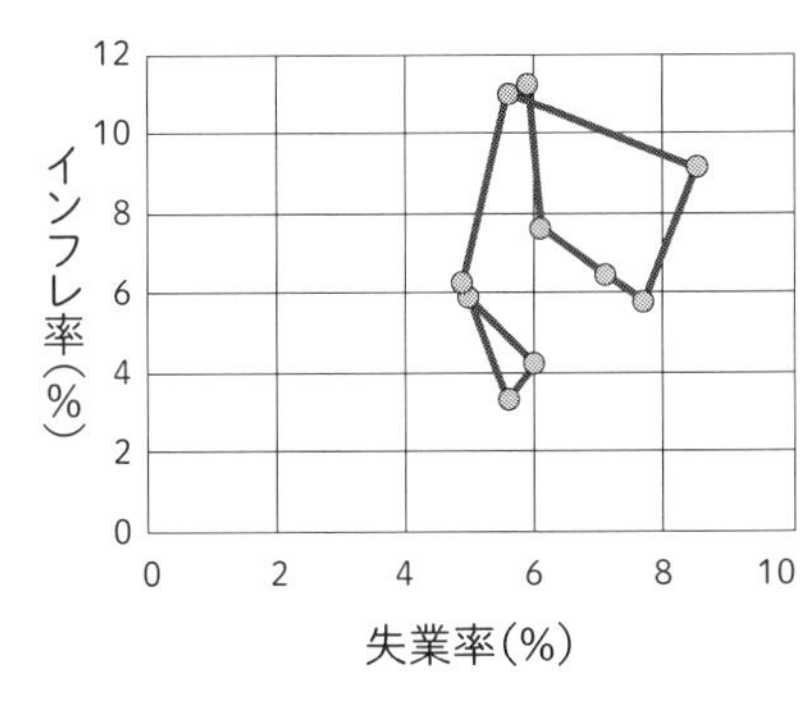

図8　米国のフィリップス曲線（1970年代）

と失業率が上がることを示しており、失業率を下げるためには政府が財政出動を行って物価を上昇させることも必要だという根拠となっていました。

しかし、フリードマンはフィリップス曲線に人々の期待や予想の概念を導入し、短期間では右肩下がりかもしれないが、長期的にはフィリップス曲線は垂直になることから、失業率は長期的にはインフレに関係なく一定水準（自然失業率）に落ち着くと主張しました。つまり、財政政策によって物価を上昇させ失業率を低下させようとしても、短期的な効果はともかく、長期的には失業率を自然失業率より低下させることはできず、結果的に失業率はさほど変わらず、あとには高いインフレだけが残るというのがフリードマンの指摘でした。

インフレを抑えるには、財政政策よりも貨幣の供給量を一定率で増加させる方が効果的である、というのがフリードマンの政策提言です。

ケインズも「期待の役割」を理解していましたが、当時のヒックスの数式（ＩＳ－ＬＭ分析）には反映されていませんでした。それに対して、フリードマンは期待や予想の概念を導入し、政府や中央銀行がどのような政策を導入したとしても、経済主体が政府の政策を合理的に予測して行動してしまえば、その政策の効果は無効になり（合理的期待形成仮説）、せっかくの政策も効果の乏しいものになると考えたのです。

これは、今の日本にも言えることです。いくら減税や公共投資を派手にやったとしても、「これは政府の借金が増えるだけで、いずれその借金を返済するために増税になるよね」と国民が考えてしまうと、「将来増税になるなら、今お金を使うとまずいよね」となり、公共投資や減税の効果は期待したほどには出なくなってしまいます。

つまり、ケインズ政策はある時期においては景気を回復させ、失業率を減らし、国民の生活の安定に大いに寄与したわけですが、徐々にケインズ経済学では説明できない現象も起こり、批判にさらされることになったのです。なかでもマクロ経済学をミクロの経済主体の最適化行動によって基礎づける方法論を確立したアメリカの経済学者ロバート・ルーカスの「ルーカス批判」はケインズ経済学の後継者たちを学界の中枢から追放するほどのインパクトがありました。

マクロ経済学は、個々の経済主体の意思決定にまで遡るのではなく、景気変動や経済成長はどのような要因で決まるのかといった大きな問題について全体として当てはまる法則を問題解明の手掛かりにするのに対し、ミクロ経済学では、企業や個人といった経済主体が与えられた条件の中で合理的に判断して最善の行動を選択するという前提で議論します。

そこでは、すべての市場はつながっており、一つの価格の変化は他のすべての需要や供給に影響を与え、経済主体はそのすべてを考慮して合理的な行動をする「一般均衡理論」という前提で議論をします。このように、元々はマクロ経済学とミクロ経済学は別々の対象と方法を持っていると考えられていましたが、１９７０年代以降はルーカスを中心にマクロ的現象もすべてミクロ経済学の手法で扱うべきだとする主張が主流となり、ミクロ的基礎のあるマクロ経済学が経済学の主流派となったのです。

ケインズ経済学が政府の政策に大きな影響を与えたように、ケインズ経済学に代わって経済学のメインストリームに躍り出た新古典派経済学も、１９８０年代には政府の政策に大きな影響を与えます。その代表格と言えるのがイギリスのマーガレット・サッチャー政権が進めた「サッチャリズム」や、アメリカのロナルド・レーガン政権で進められた「レーガノミクス」です。

ポイントは、ケインズ理論がもたらした大きな政府への批判であり、民営化の進展です。

１９７９年にイギリスの首相となったサッチャーは主に労働党政権下で進められてきた「ゆりかごから墓場まで」と言われる高福祉政策や産業の国営化などによる産業保護政策がイギリスの国際競争力を低下させて経済成長の停滞を招き、スタグフレーションの発生につながったと批判します。そして、社会保障政策は継続する一方で国営の水道や電気、ガス、鉄道、航空などの事業の民営化や大胆な規制緩和を実施することで、政府の機能を大幅に削減しました。

結果、公共投資などを抑えた緊縮財政はインフレの抑制には効果を発揮したものの、ポンド高は不況の長期化や失業率の上昇を招くことになったといわれています。

一方、１９８１年にアメリカ大統領に就任したレーガンは「強いアメリカ」の再生を目指して、①政府支出の伸びの大幅抑制　②大幅な減税　③規制緩和　④安定的金融政策―を柱とする「レーガノミクス」を発表し、実行しています。

これらはいずれもサッチャリズム同様に、市場のメカニズムを重視する新自由主義に基づくものです。そして、インフレの抑制や失業率の改善には一定の効果を発揮したものの、財政赤字と貿易赤字の拡大という「双子の赤字」をもたらしたとも、あるいは90年代のアメリカ経済の繁栄につながったとも言われています。

このように、経済政策と経済学は常に影響を与え合うものです。その意味では本書で取り上げるMMTも「数式の裏付けがない」など学問としては不完全とも言われていますが、実体経済に目を向ければ、確かに現在の日本がやっていることはMMTに近い面があるのも事実です。

とはいえ、日本は世界恐慌の頃の大蔵大臣・高橋是清氏を除けば、どの国もやっていないことを率先してやるとは考えにくいところがあります。新しい経済政策には、いつだって大きな批判が付き物です。実際、ルーズベルト大統領が行ったニューディール政策は当時の主流派だった古典派経済学者から「多すぎる財政支出は財政を破綻させる」という激しい批判を浴びています。それほどに新しい経済政策には批判が付き物であり、イノベーションを嫌う日本がやるとは考えにくく、やるとすればアメリカくらいでしょうが、アメリカは今、完全雇用に近い状態であり、やる必要があるのかという疑問は残ります。

MMTが実際に国を動かすかどうかはともかく、新しい経済理論は既存の経済理論では解決できない問題が生じた時に生まれるものです。MMTも、もし日本やアメリカのような「近い国」がなければただの「机上の空論」ですが、「近い国」「もしかしたらそれをできる国があるかもしれない」と思えるからこそ批判もされるし、関心も集めます。

(3) ケインズ理論の復活

新古典派経済学がケインズ経済学を激しく攻撃し、政府による経済政策を批判する一方で、政府による経済政策の必要性を信じる人たちは、従来のケインズ理論に足りなかったミクロ的な基礎も持ったケインズ理論の構築に動きました。

それが、ニューケインジアンと呼ばれる人たちです。新古典派経済学は、合理的期待形成仮説によって完全競争・完全情報市場（市場に売り手と買い手が無数に存在し、個々の売り手や買い手が生産量や購買量を変化させても、市場への影響が存在しないような競争状態のこと）において、経済主体が将来について合理的な期待を形成すると、政府の行う財政政策や金融政策は期待通りには働かず、無効になると主張しました。しかし、ニューケインジアンたちは、重要な価格や賃金の硬直性（需要や供給の変動によって価格などが反応しないこと。超過需要があっても価格などが上がらないのが価格上方硬直性、超過供給があっても価格などが下がらないのを価格下方硬直性という）を、ミクロ的基礎を元に説明することで、たとえ合理的な期待があっても市場は必ずしも均衡しないと主張し、経済主体が合理的に動いたとしても失業問題はすぐには解決しないことを理論的に説明しようとしました。

ニューケインジアンが使う概念の一つに「メニュー・コスト」があります。

ニューケインジアンの１人グレゴリー・マンキューによると、企業が商品の価格を頻繁に変更しない理由は、商品が負っている経費という観点で説明すると分かりやすいでしょう。たとえば、価格を改訂すると新しいカタログや価格表などが必要になり、これは「メニュー・コスト」と考えられます。そのため、企業が需給状況に応じてあまりに頻繁に価格を改訂すると、「メニュー・コスト」がかさむので、「価格の下方硬直性」にも経済合理性があるというのがニューケイジアンの主張です。

「賃金の下方硬直性」についても同様のことが言えます。企業は現在の社員を解雇して、賃金の安い労働者を雇いたいと考えたとしても、そのためには求人のための広告費用や採用後の訓練費用、さらには解雇に伴う費用も必要になります。そのため、これらの「メニュー・コスト」と比較して、現在の社員を雇用し続ける方がコスト的に安いとなれば、企業にとって社員を抱え続ける方が経済的に合理性があります。

このように、従来のケインズ経済学に代わって新古典派経済学やニューケインジアンなどが新たに誕生したわけですが、こうした経済理論も２００８年にアメリカにおいて投資銀行のリーマン・ブラザーズが経営破綻したことをきっかけに起こった世界規模の金融危機に際しては、その予測どころか、政策対応さえもできず「現実の経済政策では使えない」ことが判明しました。

リーマン・ショックは、２００７年のアメリカにおける住宅バブルの崩壊をきっかけとしたサブプライムローン問題が大きな引き金となっています。新古典派経済学やニューケインジアンはすべての経済主体が「合理的」に動くことを前提にしていますが、リーマン・ショックの時を見れば分かるように、必ずしもすべての経済主体が合理的に動くとは限りません。

たとえば、2008年3月のベアー・スターンズ（アメリカ第5位の投資銀行）の危機に際しては、ニューヨーク連邦準備銀行が緊急融資を行い、5月にJPモルガン・チェースに救済買収されているのに対し、同年9月のリーマン・ブラザーズの危機に際しては、ブッシュ政権下の財務長官ヘンリー・ポールソンは「公的資金を投入しようと考えたことは一度もない」と同社の救済を拒否しています。

リーマン・ブラザーズは、ベアー・スターンズを上回る規模のはずでしたが、もし同社が破綻すれば、大変な事態になることは誰でも想像できるはずですが、ゴールドマンサックス出身のポールソン財務長官は公的資金の注入を拒否し、結果的に金融機関への売却も頓挫したことで負債総額6000億ドルというアメリカ市場最大の企業倒産につながりました。

ここから世界規模の金融危機へと発展するわけですが、慌てたポールソン財務長官やブッシュ大統領は緊急経済安定化法案を成立させるなど何とか事態を落ち着かせようとしました。しかし、時既に遅く、アメリカ経済への不安は広がり、世界的な金融危機へと連鎖することとなったのです。

この時のポールソン財務長官の判断について、フランスのラガルド経済財務雇用相はこう批判したといいます。

「何が恐ろしかったかと言えば、リーマン・ブラザーズを破綻させるというヘンリー・ポールソンの決断だ」

さらに、危機においては素早い対応が求められるにもかかわらず、アメリカ政府の対応も後手後手に回ってしまいました。このように、いくつもの判断ミスが重なったことが世界的な金融危機を引き起こすこととなったのです。また、一般均衡理論ではすべての市場はつながっており、一つの価格の変化は他のすべての需要や供給に影響を与え、経済主体はそのすべてを考慮して合理的な行動をすることが前提となっています。しかし、リーマン・ショックに関しては、経済主体が合理的な判断をできなかったうえ、肝心の金融市場が破綻するというまったく想定外の事態となったのですから、新古典派経済学にしろ、ニューケインジアンにしろ、これらの経済理論では世界金融危機を事前に予測できませんでした。

とはいえ、アメリカをはじめとする各国も手をこまねいているわけにはいきません。この時に唯一対応できたのが、かつて世界恐慌後の経済政策に力を発揮したケインズ主義的な金融・財政政策でした。特に素早い対応をしたのが、アメリカと中国です。

アメリカの中央銀行であるＦＲＢ議長のベン・バーナンキ（在任は２００６年〜２０１４年）は、大恐慌の研究家として知られていた経済学者です。日本がバブルの崩壊によってデフレに陥る過程を専門的に研究し、ＦＲＢ議長になる前から日銀の政策に対して苦言を呈し、こういう政策をやるべきだと助言もしています。

リーマン・ショックが起きたのは、バーナンキがＦＲＢ議長に就任した2年後のことですから、リーマン・ショックという危機をいかに乗り越えるかはまさにバーナンキの手腕が試されるとともに、自らの経済理論の正しさを証明するチャンスでもありました。

ＦＲＢは、経済低迷の最大の要因となっているサブプライムローン問題を処理すべく、住宅ローン担保証券を中心に1兆７０００億ドルもの金融資産を購入しました。それによって住宅ローン担保証券の利回りが低下し、住宅ローンの金利を下げることで冷え込んでしまった住宅市場を正常な状態に戻そうとしたのです。

この時のアメリカの量的緩和を「ＱＥⅠ」と呼びます（ＱＥとはQuantitative Easingの略で、**量的緩和政策**を指します）。

さらに、２０１０年１１月から２０１１年6月まで長期金利の引き下げを目的とした国債の大量購入を行いました。これが「ＱＥⅡ」です。

続く２０１２年9月からは「ＱＥⅢ」として、住宅担保ローン証券を毎月４００億ドルずつ購入、２０１３年1月以降は国債も毎月４５０億ドルずつ購入しています。ＱＥⅢの特徴は、購入する期間や金額の上限を求めることなく失業率が6・5％以下になるまで続けるとしたことです。

このように、ＦＲＢの大胆な量的緩和とＧＤＰ比5％を上回る財政政策（当時のレートで約74兆円）を実施したお陰で、アメリカはいち早く経済の本格回復に向かうことができたのです。

アメリカと並んで、中国の対応も素早いものでした。リーマン・ショック後に中国は4兆元（当時のレートで約57兆円）もの景気対策を打ち出し、それは「世界を救った」とも言われました。

新古典派経済学などが主張するように、どんな時にもすべての経済主体が合理的に動けるわけではありません。

アメリカがそうであったように、たとえば自分の出身母体のことを気にしたり、選挙のことを気にしたりという「人の気持ち」次第で人は合理的とは言えない判断をすることもあるのです。それに対して、中国は市場経済ではありますが、社会主義国なので余計なことを気にせず、鶴の一声で動かせます。だからこそ、リーマン・ショック後にもすぐに動いてすぐに回復することができました。

今も、米中摩擦などで景気が悪くなると、中国はすぐに手を打っています。まさにケインズ政策を地で行っているわけで、悪くなるとすぐに手を打ち、良くなるとすぐに引き締めます。その意味では経済理論でああだこうだと議論して、やたら時間のかかる資本主義国よりも、中国の方がケインズ理論を実践していると言えるかもしれません。

一方、日銀も２０１０年から量的緩和を再開しましたが、その規模は小さく、その後のアメリカに比べると、質量ともに迫力に欠けていました。また、日本政府も思い切った財政政策をとることができず、それは今もできていないと言えます。

このように、各国の対応はさまざまでしたが、これらリーマン・ショック後の対応はいずれもケインズ経済学で説明が可能なものでした。ケインズ経済学は、世界恐慌への処方箋のようにして生まれただけに、危機対応の経済理論としてはやはり新古典派経済学などと違い、リーマン・

ショックなどの際には大いに本領を発揮することができたのです。

その意味では、ケインズ経済学が見直されたのはリーマン・ショックのお陰であり、もしリーマン・ショックが起きなかったら、ケインズ経済学は「過去の繁栄した経済学」として消え去る運命にあったのかもしれません。

そして、リーマン・ショックの後のアメリカの対応を見て生まれたのが日本のアベノミクスであり、アベノミクスも何も特別なものではなく、その多くがケインズ経済学によって説明ができる政策なのです。

(4) 今も主流派が使うケインズ理論

こうしてケインズ理論が復活したわけですが、本章の締めくくりとして今も主流派がよく使うケインズ理論をおさらいすることにします。

1．乗数効果

乗数効果というのは、ある経済量の変化が他の経済量に波及し、それらの効果の全体が基の額より大きくなることで、有効需要の変化額より大きく国民所得を変化させることを言います。

具体的には、公共事業は有効需要を増加させます。公共事業をやると、ＧＤＰはその分増えますが、公共事業の恩恵を受けた建設会社などの儲けが増えて、企業の所得が増え、社員の給与なども増えることになります。結果的に使うお金も増えるので、お金がぐるぐる回って乗数のように膨らむというのが「乗数効果」です。

ところが、日本は「老後資金2000万円問題」などで国民の将来不安が高まっています。国の借金を家計にたとえて「1人当たり○○万円の借金」という言い方も不安を募るだけです。これでは、たとえ所得が増えたとしても、将来のことが不安で消費には向かいません。こうした状況下では、いくら政府支出を増やしても、乗数効果は出にくくなってしまいます。

また、今日のように輸入品が増えてくると、有効需要が増えても生み出された所得の一部は外に出ていくことになります。経済がグローバル化して、輸入浸透度が上がるとやはりここでも乗数効果は出にくくなってきます。

2. 合成の誤謬

個人や企業がミクロの視点では合理的な行動をとったはずが、マクロ（経済全体）の世界では好ましくない事態が生じることを「合成の誤謬」といいます。たとえば、企業が経営の健全化に向けてリストラなどを行うことは、企業の視点では合理的ですが、結果として失業率の高まりや個人消費の冷え込みを招くことになります。あるいは、デフレの環境下で個人が将来に備えてせっせと節約に励むことは、家計の視点では合理的な行動ですが、その結果として経済全体では需要を縮小させ、ものは売れなくなり、経済状況はさらに悪化することになります。今日の日本では、国民の将来への不安が強くあるため、どうしても節約志向に陥りがちですが、結果として需要は縮小し、過剰貯蓄になり、経済には悪影響を与える結果となっています。

3. クラウディングアウト

政府が国債の大量発行により減税や公共事業の拡充といった財政政策を行った場合、大量に発行された国債によって金利の上昇を招き、民間の投資意欲が低下して投資が減ってしまうため、結果的に投資のための資金調達や住宅購入といった民間の資金需要が圧迫されてしまう現象のことを指します。

主流派の経済学者がＭＭＴを批判する際にしばしば登場するのが、このクラウディングアウトという言葉です。

4. 流動性の罠

金融緩和により金利が一定水準以下に低下した場合、投機的動機による貨幣需要が無限大となり、通常の金融政策が効力を失うことを指します。一般的には、金融緩和を行うと金利が低下するため、民間投資や消費が増大すると思われますが、一定水準以下になると銀行などに資金が大量に滞留してしまい、企業や個人などに貸し出しとして流れ込まなくなり、設備投資や個人消費が増えなくなってしまいます。このような場合、いくら金融緩和を行っても景気の刺激策にならなくなってしまいます。一般的に名目金利が０％以下になった場合、通常の金融政策は限界とされています。

今の日本について考えると、アベノミクスはある意味期待に働きかけることには成功しました。たしかに円安・株高にはなりましたが、期待というのはそれほど長続きするものではありません。金融政策が限界に近づき、もはや金融政策だけに多くは期待できない以上、あとは財政政策しかない、となり、それが「あとはMMT的な政策しかない」という状況に日本は追い込まれているという見方があるのは事実です。

この点に関する論評はあとにして、

ここまではケインズ経済学を中心にその「興隆と没落、そして復活」の歴史を見てきました。次には「ケインズ経済学とどこか似ているのに大きく違っている」MMTについて見ていくことにします。

第2章 MMTとは

2-1 MMT（現代貨幣理論）概要

(1) MMT（ModernMonetaryTheory）とは

本章のテーマは、最近になって注目されているMMT（ModernMonetaryTheory＝現代貨幣理論）について説明をすることです。MMTに関しては、日本では主流派といわれる経済学者などを中心に「クレイジーだ」「ハイパーインフレを起こす」「子や孫に莫大な借金を残すのか」といった批判されていますが、そもそも「MMTとは何か？」を正しく理解しないままに行われているものも少なくありません。

正しい知識を持たない批判はどうしても的外れなものや、感情的なものになりがちです。それを防ぐためには、まずは第1章で見てきた経済学の歴史の中からなぜMMTという考え方が生まれてきたのか、MMTはどのような経済運営を提示しているのかを正しく知ることが何より大切になります。

MMTをひと言で説明すると「自国通貨を発行する政府は、高インフレの懸念がない限り、財政赤字を心配する必要がないのだから、完全雇用の実現に向けて積極的な財政政策を行うべき」という理論です。

ほとんどの人にとってＭＭＴは最近になって急に言われ出したかのように思われていますが、学術的には１９９０年代にアメリカの投資家であるウォーレン・モスラーやオーストラリアのニューカッスル大学のビル・ミッチェル、アメリカのニューヨークのバード大学教授兼レヴィ経済研究所上級研究員で『ＭＭＴ現代貨幣理論入門』（東洋経済新報社）の著者でもあるランダル・レイ、米ニューヨーク州立大学教授で２０１６年の大統領選挙民主党予備選でヒラリー・クリントンを相手に大健闘したバーニー・サンダース上院議員の顧問も務めるステファニー・ケルトンらによって提唱された経済運営の手法についての考え方です。

経済学の長い歴史から見れば、確かにまだ歴史が新しいとはいえ、既に20年以上前に誕生したＭＭＴがなぜここにきて急に注目されたかというと、２０１８年11月にニューヨーク州から連邦議会下院選に立候補して当選した史上最年少の議員アレクサンドリア・オカシオ＝コルテスがＭＭＴを支持したことや、ＭＭＴの主要発信者であるケルトン教授が２０２０年の大統領選挙に出馬表明している民主党サンダース議員の２０１６年大統領選挙時の顧問を務めていたことなどが主な理由と言えます。

特にオカシオ＝コルテスは、アメリカにおける最左翼のサンダース派の議員であり、日本的な見方からすれば、本来ならトランプ政権の下で急激に膨らみ続ける財政赤字に対して厳しく批判してもおかしくないはずですが、実際には当選後にウェブ雑誌『ビジネス・インサイダー』のインタビューでこう答えたのです。

「政府は予算のバランスをとる必要はなく、むしろ財政黒字は経済に悪影響を与える」

これはまさにMMTの主張する「自国通貨を発行できる政府は、高インフレの懸念がない限り、財政赤字を心配する必要はないし、むしろ不完全雇用の間は政府が積極的に支出を増やすべきである」をはっきりと支持するものでした。

この発言をきっかけにして、アメリカにおいてはMMTを巡る議論が活発になり、それはいつものように日本にも波及しました。そして日本では、MMTについては「理論と呼べるかどうかも分からない」「極端な主張で適切ではない」といった「トンデモ扱い」する論調がほとんどで、日本の財務省も60ページを超える本気の反論資料をつくるほど徹底した批判を行っています。

それにしても、アメリカにおいても日本においても、なぜ多くの金融や財政の専門家や学者たちが、これほど躍起になってMMT批判を繰り広げるのかは大いに気になるところです。まずは、「MMTとは何か」について冷静に見ていくことにします。

なお、サンダース議員自身はオカシオ＝コルテス議員のように明確にMMTを推奨しているわけではなく、もしサンダース議員が大統領になればMMT派のステファニー・ケルトン氏が財務長官に指名されるのではないかという憶測からMMTを容認していると見られているだけです。

(2) 財政赤字の拡大を容認

ＭＭＴの主張のうち最も批判が集まるのは「政府は財政赤字を気にせず景気対策に専念し、どんどんやるべき」という点です。

これは明らかにこれまでの常識とは大きく異なっています。みなさんは新聞やテレビでこんなニュースを目にしたことはないでしょうか。

「国の借金が２０１９年６月末時点で１１０５兆４３５３億円になり、人口１億２４０５万人（同年２月１日時点）で計算すると国民１人当たりの借金は８９１万円になる」

これは財務省の発表を元に各新聞社が報じたものですが、この数字を見せられた日本人の多くはこう感じることになります。

「財政赤字は子や孫といった将来世代につけを残すことになる。政府はこの借金を減らすために歳出削減や増税に取り組まないと、いずれ財政破綻するかもしれない」

このように「政府の財政赤字＝悪」となるため国は財政規律を守らなければならないし、財政の健全化に向けてムダな公共事業などは行うべきではないと考えるようになります。そしてそう考えるからこそ、たとえば消費税の増税や社会保障費の削減などにも我慢しなければならないという「常識」が日本人の頭には擦り込まれています。

こうした「常識」に対して、はっきりと「ノー」と言うのがＭＭＴです。

MMTによれば、「自国通貨を発行する政府が財政破綻することはあり得ず、高インフレにならない限りは財政赤字を心配する必要はなく、むしろ積極的に財政出動を行うべき」となります。

当然、こんな疑問が湧いてきます。

「財政赤字を心配する必要はないとはどういうことなのか？」

たしかに個人の家計や企業であれば赤字は減らすべきだし、「借りては返す」を繰り返しているといずれ借金は雪だるま式に増えて自己破産や企業倒産を招くことになります。だからこそ、特に個人に関しては「出を制する」とか、「収入の範囲で」といった堅実さが求められます。

しかし、これはあくまでも個人や企業の話であって、政府は中央銀行を通じて通貨を発行できる存在であり、財政出動のために自国通貨建ての国債をいくらでも発行できるし、返済の意思さえあれば、どれだけ財政赤字が拡大したとしても返済不能に陥ることはなく、財政が破綻することもないのです。

もちろん、ヨーロッパのようにEUの加盟国が自国通貨を放棄して「ユーロ」を採用している場合は、ギリシャがそうであったように財政危機に陥ることになりますし、アルゼンチンなどのように自国通貨建て国債ではなく外貨建て国債を発行している場合は債務不履行に陥る危険性はあります。しかし、日本やアメリカのように自国通貨を発行し、自国通貨建て国債を発行している国の場合は財政赤字がいくら増えたとしても、財政破綻の恐れはないというのがMMTの考え方です。

そして、MMTが自分たちの理論の根拠としてしばしば引き合いに出すのが日本の財政状態です。MMTを批判する人たちはこう指摘します。

「財政赤字をやたらと拡大させれば、必ずインフレが起きることになる。MMTを主張する人たちは、もしインフレになれば、増税や政府支出を減らすことでコントロールすることができると言っているが、現実問題としてインフレになってしまったら社会は大変なことになる」

MMTが言うように、財政赤字など気にせず財政出動を行った場合はインフレが起こり、さらに加速するとハイパーインフレになり、かつてのワイマール共和国のようになってしまうという批判です。ワイマール共和国というのは1919年に制定されたワイマール憲法下の国家のことですが、第1次世界大戦後の巨額賠償などの影響もあって激しいインフレが起こり、経済は疲弊、結果的にナチス・ドイツの台頭を招いた悪夢の歴史として記憶されています。

ワイマール共和国について分析した『ハイパーインフレの悪夢』（新潮社）には、政府の無為無策がハイパーインフレを招き、その結果、「通貨が死ぬ」ことが国民や社会にどれほどの影響を与えるかが描かれており、国家にとって通貨価値を守ることがどれほど大切かを再認識させてくれます。

その意味では、確かにインフレの行き過ぎは政府にとって大いに警戒すべきものであり、MMTの主張に対して激しい非難が寄せられるのもうなずけます。しかし、「財政赤字をいくら増やしてもワイマール共和国のようにはならないよ」ということを証明しているのが、実は日本だというのです。

確かに、日本は20年以上にも及ぶ長期のデフレから完全に脱却できていません。一方で、日本の財政赤字は既に1100兆円を超えているのですから、「財政赤字の拡大は、インフレを引き起こす」という批判はMMTが言うように、少なくとも今の日本には当てはまっていません。しかも、日本はMMTが言うように自国通貨を発行しており、国債も自国通貨建てですし、そのほとんどは日銀や国内の機関投資家などが保有しています。

こうした状況を見れば、「日本はあれだけ政府債務が膨張しているにもかかわらず、財政危機が起きていないではないか。インフレも起きなければ金利もマイナスになっている」となり、「財政赤字の拡大＝インフレ」という従来の経済学者の主張も単なる「杞憂である」というのがMMTの言い分です。

このように、MMTは財政赤字など気にせず積極的に財政出動をせよと主張していますが、ここで勘違いしてはいけないのは、決して目的を考えずに何でもかんでも財政出動しろと言っているわけではないということです。

MMTが提唱しているのは、完全雇用の達成です。ケインズ経済学が発展した時も不況で失業問題が深刻化していましたが、それを救うためにはどうすればいいかを考えた結果生まれたのがケインズ経済学です。つまり、経済政策の根幹はやはり経済成長をいかに実現するかであり、完全雇用をどうやって達成するかなのです。その意味ではMMTが主張する「国債発行で確保した財源を用いて完全雇用を達成し維持していくために、政府が基金をつくり、社会的に許容可能な最低賃金で就労を希望する労働者を雇用して、働く場を与える」という「就業保証プログラム」は必ずしも無謀な主張とは言えません。

そして、そのためには財政赤字の拡大など気にする必要はないというのがMMTの考え方なのです。次にMMTはなぜこのような考え方になるのかを知るために、MMTのバイブルとされる『MMT現代貨幣理論入門』（東洋経済新報社）に主に依拠しながら、基本的理論を見ていくことにします。

2-2 MMTの基本的理論

(1) 貨幣とは何かを再定義するMMT

なぜ、主流派経済学者がMMTをこぞって批判し、疑問を投げかけるような経済運営を是とするかというと、「貨幣」の定義が根本的に異なるからです。

第一章では、経済学の価値論の変化について学びました。金銀財宝を価値とする重商主義から、労働の価値を重視する古典派経済学そして、有効需要が大切であるというケインズに流れていきます。根本的に価値のあるものが変化するため、価値を追い求める経済活動が変化していきます。

「貨幣とは何か」という論点は、価値説と同様に経済理論に大きなインパクトを与えます。主流派経済学では、貨幣＝価値あるものとみんなが思っているから価値が生まれると考えます。一方、ＭＭＴでは貨幣で納税できるから価値があると考えます。一見すると似ていますが、この差が大きな変化を生み出すことを本章で学んでください。

(2) 主流派経済学の貨幣とは？

貨幣の歴史を学べば、主流派経済学の考える貨幣の価値が腑に落ちます。

人類の経済活動の出発点は物々交換です。貨幣が存在しなかったとされている縄文時代の遺跡からは明らかにその土地ではとれない、たとえば琥珀やヒスイ、黒曜石といったものが発掘されています。はるか昔から人々は物々交換を行うことで自分たちが必要とするものを手に入れてきたことが分かります。ただし、物々交換は非常に不便です。牛一頭を米20キロと野菜20キロと紙20キロに交換したいと考えた場合、どれほど困難なことが分かるでしょう。そこで人々は多くの人が共通の価値を感じる貝や貴重な石といった「商品」を便利な交換手段（つまり貨幣）として使うようになります。

その代表的な商品が貴金属、特に金や銀です。政府が一定の純度と重量を持った金貨や銀貨が鋳造するようになり、金貨や銀貨が誕生しました。

そして次の段階では、金と交換できる権利が付いた兌換紙幣が発行されるようになります。たとえば１８９７年の日本では、１円を金０・７５ｇと交換できました。いつでも金と交換できるという信用を貨幣に与えることで、量産された貨幣に信用を与えました。

やがて貨幣は政府の発行する紙幣が主流となり、最終的には金等の商品との交換による価値の保証も不要になり、不換紙幣となった今でも紙幣は貨幣としての役割を果たし続けているというのが、主流派経済学の言う「商品貨幣論」です。

市場に参加する誰もが、貨幣＝価値があるものと信じていることが大切であると考えているのが、主流派経済学の貨幣の捉え方です。

(3)　ＭＭＴの貨幣とは？

一方で貨幣の起源は物々交換ではなく、「貨幣とは負債の一形式であり、経済において交換手段として受け入れられた特殊な負債である」という貨幣を負債の一種とみなす「信用貨幣論」があり、こちらがＭＭＴの考える貨幣論です。少し難しいのでかみ砕いて説明してみましょう。貨幣が負債の一形式というのは、貨幣は政府に返すべき借金であるという意味です。経済において交換手段として受け入れられたというのは、物々交換を仲介するのに便利であると言い換えてもいいでしょう。信用貨幣論の信用というのは、国民は貨幣を使って納税する（政府に貨幣を返す）義務があるため、政府が貨幣に信用を与えていると読み解けます。

そもそも金との兌換が廃止されているにもかかわらず、なぜ貨幣を持ち続けるのでしょうか。主流派経済学によると「みんなが貨幣としての価値があると信じて使っているから」となりますが、これは何とも頼りない説明と言うほかありません。

一方、MMTは「貨幣は納税の手段となることで、その価値が担保されている」と主張しています。つまり、国家は国民に対して納税義務を課し、貨幣を納税手段として法令で決めます。こうして国民は、国家に対して貨幣を支払うことで納税義務を履行します。その結果、貨幣は国家から課せられた納税義務を解消することができるという「価値」を持つことになり、その価値があるからこそ貨幣は国民に受け入れられ、財やサービスの取引や貯蓄など、納税以外でも広く使われると考えます。

つまりMMTによると、政府は貨幣を紙幣か準備預金として無から創出して、民間はその貨幣を使って政府から課された納税義務を果たします。納税すれば税債務が消滅するわけですから、貨幣は「債務証書」であり、ただの紙切れに過ぎない貨幣が価値を持つのは貨幣によってしか納税することができないため、「価値あるもの」として流通することになるのです。

そこでは、税金は政府の支出を賄うためのものではなく、政府が民間に課した税金を支払うために貨幣が必要なのです。まずは政府が貨幣を創出し、その貨幣を使って初めて民間が税金を支払うことができるという「支出が先で、税金は後」の関係になります。

このように「金と交換できるから」という理由で貨幣を価値あるものとしている主流派経済学に対し、課税と納税の視点から貨幣について考えます。

そのため、暴論として批判されがちな財政出動が、一定の条件の下にほぼ無限にできるという論理が生まれます。貨幣を無から創造できる政府は本来、支出のために租税収入は必要としないし、国債を発行する必要もありません。必要なのは、貨幣を発行するという意思だけです。もちろん無からお金を生み出せるので財政破綻を恐れる必要もありません。

貨幣の創造というと、中央銀行が輪転機を回して紙幣を印刷するイメージを持つ人もいるかもしれませんが、今日ではキーストロークだけで行えます。つまり、貨幣創造の実際は、政府の金庫や中央銀行の負債となる準備預金の帳簿に「数字を入力」するだけであり、貨幣の大部分は電子記録だけなのです。

(4) 政府資金の入手可能性と持続可能性

このように、ＭＭＴは政府には貨幣創造機能があるため資金の入手可能性に問題はなく、政策に対する財源的制約もないと考えます。

国債についても、数字を入力するだけで準備預金を創造できるので、財政破綻はあり得ません。

家計や企業は、貨幣創造機能はありませんから、自らの働きによって収入を得るほかはありません。にもかかわらず、収入以上の支出を続ければ赤字が増え、場合によっては自己破産や企業倒産の恐れが出てきます。一方、政府はそんな恐れはなく貨幣を発行して赤字を埋め合わせや債務の返済ができます。だからこそ、MMTでは政府は積極的に財政出動を行うことを推奨するわけです。

とはいえ、無限に貨幣を創出できるわけではありません。インフレ率という制約が付きまといます。MMTが目指すべきと主張する完全雇用を達成してもなお政府支出を増やし続けると、資本や労働の稼働率が上がり、需給ひっ迫でインフレになります。MMTはこのインフレを非常に警戒しています。もちろん不完全雇用であれば政府支出に制約はないと考えます。

つまり、MMTにおいて財政出動の制約となるのはインフレ率だけであり、それ以外の制約条件はありません。

したがって、MMT的には自国通貨を発行できる政府にはよく言われる次の財政の常識は当てはまりません（ただし、前提はあくまでも自国通貨を発行する国のケースであり、自国通貨を発行しない国には次の常識は当てはまります）。

ＭＭＴ以前の常識

1 政府には予算制約があり、徴税や借り入れによる資金調達が必要である。
2 財政赤字は有害であり、不況などの特別な状況を除けば経済にとって重荷となる。ただし、不況下においてはケインズ経済学でも財政赤字は許されるし、むしろ奨励されることになる。
3 財政赤字は金利の上昇を招き、民間部門を締め出し（クラウディングアウト）、インフレを起こす。
4 財政赤字は投資に使える貯蓄を減らすことになる。
5 財政赤字は将来世代につけを残すため、政府は歳出削減や増税をするべきである。
6 財政赤字の増加は、債務の元利金を支払うため、明日の増税を意味することになる。

では、ＭＭＴはどのような前提条件（常識）で財政を捉えるべきと主張しているのでしょうか。

■ＭＭＴの常識

1 自国貨幣を発行する政府に財政破綻のリスクはない。貨幣を発行できる以上、政府支出に財源の制約はなく、過度のインフレにならないようにすることだけが唯一の制約となる。

2　政府が民間に納税義務を課すことで支払い手段である通貨に対する需要が生み出され、そのお陰で通貨には相応の価値が生まれる。政府は財源を確保するために税金を徴収する必要はなく、必要な財源は数字の操作により創出できる。

3　不完全雇用の間は積極的な財政支出が必要である。財政出動の規模や期間はインフレ率を注視して行う。

2-3

中銀独立でもＭＭＴ成立の理由
～政府が１００億円ジェット機購入のケース～

ここまで、政府は自国貨幣を創造できるので、財政赤字を気にすることなくいくらでも財政支出をすることができるというＭＭＴの主張を見てきました。

ここで思い出すべきは、中央銀行の存在です。一般的に国家を運営する際、財政政策は政府が担当し、金融政策は中央銀行が担当します。それぞれは独立した存在であり、中央銀行は政府の思い通りには動きません。

そして、貨幣の創出は中央銀行が担っています。つまり、政府の思惑通り貨幣は創出できないではないかという疑問が出てきます。その疑問に応えるために、政府支出をする際の中央銀行、民間銀行、民間のバランスシートを見ていくことにします。

まず、政府は中央銀行のみに口座を持っています。日本政府であれば「日銀当座預金」です。また、民間の銀行も日本銀行に「日銀当座預金」を開設する義務を負っています。

以上を踏まえて、『MMT現代貨幣理論入門』（東洋経済新報社）の例示に倣って、政府が国債を発行して民間から１００億円のジェット機を購入するケースを想定してみましょう。

①　政府が売却した国債を民間銀行が購入すると、民間銀行保有の日銀当座預金が、政府の日銀当座預金勘定に振り替えられます。

②　政府はジェット機の購入にあたり、受注企業に政府小切手で支払いをします。

③　受注企業は受け取った政府小切手を取引のある民間銀行に持ち込み、代金の取り立てを依頼します。

④　取り立てを依頼された民間銀行は、相当金額（ここでは１００億円）を企業の口座に記帳し、代金の取り立てを日銀に依頼します。これにより新たな民間預金が誕生します。

⑤　国債を民間銀行に売却したことで手に入れた政府保有の日銀当座預金が、銀行の日銀当座預金勘定に振り替えられます。

結果的にジェット機を購入するために政府が支出した１００億円は、それと同額だけ民間部門の預金を増やす結果になりました。

	政府		中央銀行	
	資産	負債	資産	負債
①	中央銀行 100 政府預金	国債 100	準備預金 100 の貸し	政府預金 100
②	ジェット機 100	政府預金 100 の小切手		
③				
④			政府預金 100 の小切手 準備預金 -100 の貸し	
⑤	政府預金 -100	政府預金 -100 の小切手	政府預金 -100 の小切手	政府預金 -100
最終	**ジェット機 100**	**国債 100**		

	民間銀行		銀行以外民間
	資産	負債	資産
①	国債 100	準備預金 100 の借り	
②			政府預金 100 の小切手 ジェット機 -100
③	政府預金 100 の小切手		政府預金 -100 の小切手
④	政府預金 -100 の小切手	預金 100 準備預金 -100 の借り	預金 100
⑤			
最終	**国債 100**	**預金 100**	**ジェット機 -100** **預金 100**

（データ出所：Modern Money Theory：A Prime on Macroeconomics for Sovereingn Monetary System, 2nd Edition（Randaii Wrey著、2015年））

上記のバランスシートから下記のことが分かります。

❶ 民間銀行は日銀当座預金を通じて国債を購入します。つまり、集めた民間預金を元手に購入するわけではないので、民間銀行の国債購入は民間預金の制約は受けません。

❷ 日銀当座預金は日銀が供給しています。つまり、民間銀行による国債購入は日銀が政府から直接購入して当座預金供給（財政ファイナンス）に等しいと言えます。すなわち、財政ファイナンスは通常であり、政府の財政赤字は民間貯蓄のファイナンスではありません。

❸ 政府の国債発行で財政支出を行うと、同額の民間預金が誕生します。つまり、政府の赤字財政支出は民間貯蓄を逆に増やします。

❹ 財政赤字は民間貯蓄を創出します。

ＭＭＴ理論は、実はこうした政府と中央銀行、民間銀行、民間企業の間のお金の動き、つまり「バランスシート」見ていたウォーレン・モスラ―が「国債の発行や税金の徴収は必要ないのではないか」と気づいたことが始まりだと言われています。たしかに政府は20億円の公共事業に発注に際して、バランスシート上ではコンピュータのキー叩いて20億円を生み出し、それを建設会社への支払いに充て、建設会社の銀行口座には預金は20億円増え、民間銀行が有する日銀当座預金も20億円増えます。そしてこれらの操作は今日ではすべてコンピュータ上の処理によって行われます。納税の場合はその逆の動きをすることになります。

確かに、こうしたお金の動きだけを見ていれば、政府は財政支出に当たって税金や国債という財源に頼る必要がありません。政府は財源の制約なしに財政出動ができ、政府が財政出動を行えばその分、民間預金と日銀の当座預金の両方が増えることになります。

2-4 ＭＭＴの9つの原則と政策提言

ここまでＭＭＴの基本的理論などを見てきましたが、その中にはこれまでの「常識」とは異なるものも含まれているため、「本当なのだろうか？」と疑わしい気持ちになる人もいるかと思います。そこで、ここであらためて自国通貨を発行することのできる政府に当てはまる「ＭＭＴの原則」と、ＭＭＴが政府に対してどのような「政策提言」を行っているのかをあらためてまとめておくことにします。

原則1

1　通貨発行権のある政府は、定めた通貨単位で課税する一方で、納税に使える貨幣を発行する。

【注釈】なぜ金と兌換できない「ただの紙切れ」が通貨として通用するのかというと、政府が国民に対して、その通貨の単位で計算された納税義務を課し、通貨には納税義務の解消手段としての需要があるからです。そして、国民が税金を支払うためにはあらかじめ政府が通貨を発行する、つまり政府の支出が先にあり、徴税はその通貨を使ってその後で支払います。

原則2

2　政府は（中央銀行口座に民間銀行が保有する）準備預金への振り込みで支出し、準備預金から引き落とすことで課税する。

原則3

3　銀行は政府と非政府の仲介役である。銀行は政府支出の際に預金者口座に振り込み、納税は預金者口座から引き落とす。

原則4

4　政府の赤字は中央銀行と民間銀行預金の純増を意味する。

【2～4注釈】　先ほどのバランスシートで行った説明と重複するところもありますが、たとえば日本政府がAという会社に5億円の公共事業を発注して5億円を支払うケースを考えてみましょう。日本政府とA建設会社の取引はB銀行が仲介します。

この場合、日本政府が5億円を支出すると、A建設会社名義のB銀行口座の預金が5億円増えます。それは、つまりB銀行の日銀当座預金も5億円増えることを意味します。

すなわち、政府支出はその支出額と同額だけ民間預金と日銀当座預金の両方を増やすことになります。

反対に日本政府が税金をA建設会社から徴税する場合は、B銀行の口座から納税額分の預金が減らされ、B銀行の日銀当座預金も同額だけ減ります。

原則5

5　政策金利目標は中央銀行が定めるが、準備預金の量は民間銀行の選択（準備預金保有か、他行に貸すか、国債保有か）によって左右される。

原則6

6　貨幣乗数（中央銀行の負債に当たる現金通貨と金融機関からの中央銀行預け金の合計をハイパワードマネーと呼び、ハイパワードマネー一単位の供給がどれだけのマネーサプライを生み出すかその乗数を貨幣乗数という）は、銀行預金額に対する預金準備額の事後的な比率であり、銀行預金額は準備預金のレバレッジにより増加すると考えるべき。なお、レバレッジ比率は事前に決まっていない。

中央銀行の供給量は決まっているが、どれだけ貸し出すかは民間銀行次第となる。そしてどれだけ銀行が貸し出すことができるかは、借り手である企業や個人の資金需要によって決まる。

原則7

7　政府は自らの小切手が不渡りにならないように、そして政策金利が目標から乖離しないように中央銀行と協調して国債の発行量を調整する。

原則8

8　通貨発行できる政府の国債売却は借り入れではなく、中央銀行の金利目標達成を助ける手段。

【7・8注釈】　MMTの原理的には、政府は国債を発行しなくてもキーストロークでお金を創出できます。財源確保のために政府は税収も必要としなければ、国債の発行も必要ありません。では、なぜわざわざ国債を発行するのかというと、そのまま放置してしまうと金利が下がってしまうからです。

これまでの常識では、政府が財政支出をすると金利は上がるはずでしたが、MMTでは政府支出はその分、民間預金と日銀当座預金の両方を増やすため、世の中にお金が増えすぎてしまい金利が下がると考えます。そこで、政府はそれを防ぐために国債を発行します。つまり、国債は一般的に考えられている財源確保のためではなく、世の中に増えすぎたお金を吸収するための手段です。

原則9

9　政府は自国通貨建てで売られるものであれば、常に購入可能であり、財源制約はない。

以上がMMTの「原則」となります。

ただし、「財源の制約なしに自国通貨建てで売られているものなら何でも購入できる」「政府は無制限に支出すべきだ」「政府は自国通貨建てで売られているものは何でも購入すべきだ」ということを意味しているわけではありません。

当たり前のことですが、政府の過大な支出はインフレを引き起こす恐れもありますし、為替レートに影響を与える恐れもあります。そのため、MMTは自国通貨を発行できる政府は何でも無尽蔵にやっていいと主張しているわけではなく、インフレ率や為替レートに与える影響をしっかりと考慮しなければなりません。ただし、「財源がなくて必要な施策ができない」と嘆く必要はなく、やるべき施策に関しては財源の制約をなしに取り組むべきだと主張しているのです。

パナソニックの創業者・松下幸之助氏がこんなことを言っています。

「それが必要であり、やらねばならないことであれば、即刻やる。またやってはならないことがあれば、仮に金があってもしない」

即刻やらなければならないことに関しては、「予算がないので、次の年度まで待ってくれ」と言い訳をするのではなく、財源の制約なしにやるべきだし、もしやる必要がないことであれば、「予算が余ったのでムダだけどやります」という役人根性ではなく、お金があってもやらないという姿勢が求められるというのが松下氏の考え方であり、この考え方はある意味、MMTに通じる考え方と言えるかもしれません。

2-5 MMTによるマクロ会計の基礎

(1) 政府赤字＝民間黒字

マクロ会計とは、一国全体の会計をいいます。簿記や会計学で学ぶ企業会計とは違い、GDP（国内総生産）や国際収支などを求める際に使います。

政府支出はその支出額と同額だけ、民間預金と日銀当座預金の両方を増やすため民間の貯蓄超過（黒字）は財政赤字によってのみ生じます。以下の関係になります。

政府財政赤字（黒字）＝民間純貯蓄（負債）

ポイントは、財政赤字が民間の貯蓄を増やすことではなく、財政黒字は民間の赤字になるという考え方です。つまり、政府の財政健全化は民間の赤字を招きます。たとえば、ギリシャなどの欧州債務危機に当たり、政府の財政が健全だったスペインやアイルランドも民間の債務超過で経済危機に陥っています。

当たり前のことですが、誰かの債務は別の誰かの債権であり、誰かの赤字は別の誰かの黒字を意味します。

したがって、政府部門が赤字ということは、民間部門の黒字を意味し、経済を国内政府部門と国内民間部門、海外部門の三分で考えれば、政府と民間の合計が黒字なら必ず海外部門は赤字となります。今の日本がそうで、自国から海外への貸し付けや直接投資が行われているということを表しており、このような数式になります。

政府収支＋民間収支＋海外収支＝0

つまり、一つの部門が黒字になれば、少なくとも他の一つの部門は赤字となります。すべての部門を同時に黒字にすることはできません。

(2) MMTの部門間貨幣受渡関係式

国民経済計算では、

総需要式　Y（GNI）＝C（消費）＋I（投資）＋G（政府支出）＋X（輸出）－M（輸入）＋α（海外からの純所得）

所得配分式　Y（GNI）＝C（消費）＋S（貯蓄）＋T（租税）

から

民間収支（S－I）＋政府収支（T－G）＝経常収支（X－M＋α）

または

民間収支（S－I）＋政府収支（T－G）＋経常収支（X－M＋α）＝0

ただし、国民経済計算のＩＳバランス式は非貨幣取引（農家の帰属収入や持ち家の帰属家賃）まで含むのに対し、ＭＭＴの部門間貨幣受渡式は貨幣取引のみとなっています。

なお、アメリカの場合は基軸通貨の債務証書となるドルや米国債の需要が他国にあるため、アメリカは経常赤字を出すことができます。アメリカの場合は、資本収支黒字で経常収支赤字がバランスとなります。

2-6 ＭＭＴの租税政策 〜租税はなぜ必要か〜

ここまで見てきたように、ＭＭＴの考え方によると、自国通貨を発行する政府は通貨を創出できるため、税金を徴収して財源を確保する必要はありません。

では、政府は何のために税金を徴収するのでしょうか。

最も大きな理由は、政府が納税義務を民間に課し、政府の決めた通貨による支払いを手段として定めることで、通貨には納税義務の解消手段としての需要が生じることになります。つまり、税金を通貨で支払うことによって通貨には価値が生まれ、通貨が流通します。

さらに税金には次の４つの目的があるとＭＭＴは主張します。

1. インフレを抑えて貨幣価値を維持する

税金を上げれば、景気の過熱を冷ますことができます。

税金が重ければ、納税のための貨幣需要が増えて、人々はものを買うよりもお金を貯める必要性が高まります。結果、ものが売れずに物価が下がるため、増税はデフレ圧力を発生させます。

もちろん、税金が軽くなると納税のための資金需要が減って、通貨の価値が下落し、インフレ圧力が発生します。つまり、政府は税負担を操作することで物価を調整できるのです。MMTでは、税金は総需要を抑える役割があり、不景気の時には税率を下げ、好景気には上げる仕組みが望ましいと考えています。

2. 所得や富の再分配。格差の拡大の是正

「99対1」という比率が話題になったことがあります。これは、経済の成長やグローバル化が著しい経済格差を生み、世の中には1%の大金持ちとそれ以外の人が99%いるという主張です。「21世紀の資本論」の著者トマ・ピケティなども格差が拡大し続ける問題点を指摘して大金持ち優遇から富の再分配の必要性を強く求めています。

といっても、ピケティはMMT派ではありませんが、MMTにおいても富裕層により重い税負担を課すことで、所得格差の是正をすべきと主張しています。この場合、税金は格差是正の手段と言えます。

ただし、MMTは富裕層に高い税金をかけ、その税収で貧しい人たちのための政策を行えと主張しているわけでありません。富裕層への課税には反対ではないものの、低所得の人たちへの支援については後述するように政府の支出によって雇用を創出し、賃金を引き上げるように努めるべきで、その財源として富裕層への税金をあてにするということではありません。財源は税収に関係なく創出できるというのがMMTの考え方です。

3. 好ましくない行為の抑制

たばこ税や環境税として大気汚染物質等に課税することで、好ましくない行為を抑制できます。一方、好ましい行為に対する税金である所得税や消費税、法人税は非課税にすべきと主張しています。

たとえば、たばこ税を引き上げることで喫煙者が減れば、それだけ喫煙がもたらす害やコストを減らせます。その意味では、たばこ税は税収を増やすためではなく、喫煙そのものを減らすのが目的です。その方が結果的に社会にメリットがあるという考え方です。

同様に、温室効果ガスの排出に対して炭素税を課すことで、温室効果ガスの排出を抑制できるとすれば、それも悪い行動に税金を課すことでより良い社会をつくることに貢献します。このように、ＭＭＴは「悪い行動」に対して税金を課す一方で、所得税や消費税、法人税などに関しては「廃止すべき悪税」と断じています。

4. 公共サービス費用を受益者に認識させる

特定の事業のコストを利用する受益者に割り当てるやり方です。

たとえば、高速道路の利用には通行料等がこれに当たります。

ＭＭＴ的には、高速道路を建設するためにこうした税金を徴収する必要はありませんが、車に乗る人や高速道路を利用する人がその便益を認識させるために税金を徴取するべきなのです。

2-7

ＭＭＴの政策提言
～完全雇用と物価安定のための政策～

ＭＭＴでは、財政出動はいくらでもできるものの、その使い道はあくまでも「賢い使い方」である必要があります。

「賢い使い方」として強調しているものの一つが「就業保証プログラム」です。「就業保証プログラム」とは、「働く用意と意欲がある適格な個人なら、誰でも職に就けるように政府が約束するプログラム」のことです。

そこでは、政府が労働者の最低賃金を提示して、プログラムに参加する労働者を雇います。景気が後退してたくさんの失業者がいる時は、財政支出を増やして失業者を雇いますが、景気が上昇して民間部門が大量の雇用を求めるようになると、政府に雇われていた労働者は、最低賃金を上回る条件を提示する民間企業へと流れていきます。

経済学の始祖であるアダム・スミスも完全雇用を理想状態とし、マクロ経済学の基礎を気づいたケインズも世界恐慌によって産まれた大量の失業者を何とかしなければという問題意識から、景気刺激のための財政出動を主張しました。

経済政策の理想は、昔から完全雇用の実現にあります。完全雇用状態を維持しながら経済を過熱しないように成長させていければ言うことはありません。

その意味では、ニューディール政策などもたくさんの雇用を生み出しましたが、財源は有限で、一時的なものであるのに対し、MMTの考える就業保証プログラムは財源と関係なく動いており、景気の後退時には財政支出が増加してたくさんの人を雇い、景気が良くなればそこから民間部門がたくさんの人を雇うため財政支出は減ります。

つまり、民間部門の雇用とは反対方向に動くので、就業保証プログラムは景気の自動安定装置としての役割も果たします。一般的には、失業者にとって失業保険や生活保護がセーフティーネットとしての役割を果たすわけですが、就業保証プログラムがあれば心身の事情によって働けない人以外には、そういったセーフティーネットの必要はなくなります。

かつてハイマン・ミンスキーは、1960年代に「貧困を減らしたければ『貧困との闘い』の中心的要素に雇用創出を含めなければならない」と主張しました。確かに福祉の充実は大切なことですが、それ以上に働く意思と意欲のある人には働く場を与えることが重要です。

『MMT現代貨幣理論入門』（東洋経済新報社）の中で、著者のランダル・レイはこう言い切っています。

「怠けて福祉を受けるのではなく、全員が能力を最大限発揮して働き、社会に貢献すべきである。そのために政府は財政出動を行い、失業者を直接雇用することで完全雇用を目指すべきです。」

同時に、就業保証プログラムは景気の後退時には政府が最低賃金での雇用を保証することで賃金の下落を防ぎ、デフレ圧力を弱めるのに対し、景気が良くなってくれば民間部門はプログラムから人を採用することで賃金の過度の上昇を防ぎ、インフレ圧力を緩和するという役目も果たします。

経済政策が目指すべきは、完全雇用と物価安定です。その意味では、MMTの主張する就業保証プログラムはとても魅力的に思えますが、にもかかわらず政府がこうしたプログラムに消極的な理由の一つは、MMTによると「政府が自らにはすべての失業者を雇う支出能力がないと信じているから」です。

しかし、MMTでは自国通貨を発行できる政府は通貨を創出できるわけですから、財政的な制約を受ける恐れはありません。インフレの恐れについても先ほど説明した通り問題はないというのがMMTの考え方です。

2-8 MMTにおけるインフレ 〜MMTもインフレを警戒〜

ここまで「MMTとは」について解説してきました。その中には「たしかにその通り」というものもあれば、これまでの経済学の常識とはかけ離れたものもあります。そのため、MMTに関してはいろいろな批判があるわけですが、中でもよく聞かれるのが「MMTは財政赤字を拡大し、必ずインフレが起こる。インフレになれば国債の発行や増税などで調整できるとMMTは主張しているが、本当にそんなことができるのか？　実際にはとんでもないことになるのではないか」というものです。

もちろん、MMTもインフレについて「そんなものは気にする必要がない」と言っているわけでありません。政府が自国通貨を創造できるからと無茶苦茶に財政赤字を拡大してしまえば需要が拡大して供給力を超えてインフレになりますし、それでも構うことなくさらに財政支出を拡大すればインフレが止まらなくなり、遂にはハイパーインフレになります。緩やかなインフレは経済活動を促進する効果がありますが、ハイパーインフレだとお札はただの紙切れになってしまいます。

そのため、MMTにおいても財政赤字の制約を決めるのはインフレ率であり、過度なインフレになったら財政支出を抑えなければなりません。

しかし、その一方でこの20年あまりの日本を例にとり「財政赤字を放っておけば、インフレを起こす」という批判は「間違っている」というのがMMTの主張です。ましてやハイパーインフレとなると、歴史的に見ても極めて特殊な状況下で起きているだけです。ハイパーインフレの例としてしばしば挙げられるのが、第一次世界大戦後のワイマール共和国やジンバブエ、あるいはアメリカ独立戦争の時の大陸紙幣の例です。

ワイマール共和国については本章１−⑵で触れたので省きますが、これは明らかに第１次世界大戦後の巨額賠償金と、戦争によって国内の生産設備などが破壊されたことが背景にあります。

アメリカ独立戦争時の大陸紙幣は、アメリカがまだイギリスの植民地であり、独自の貨幣を持たなかったことが影響しています。当時のアメリカではイギリスやスペインの貨幣が使われていましたが、独立戦争に当たり膨大な軍事費を賄うために発行したのが大陸紙幣です。

当初は好評でしたが、戦費が増大するのに伴って紙幣も乱発されるようになり、価値も下落、「紙幣の受領を拒否する者は敵対行為とみなす」という法律までつくられたものの、インフレが収まることはなく、やがてはスーツ１着が１００万ドルもするというハイパーインフレに陥っています。

その記憶からなのでしょうか。今でも「大陸紙幣ほどの価値もない」という言い方をする人もいます。しかしこのハイパーインフレも、イギリスから通貨の発行を禁止されていたアメリカが戦時下で緊急処置として発行した紙幣をめぐる特殊事例です。

これら歴史上のハイパーインフレと違って、21世紀に起きたのがアフリカ・ジンバブエでのハイパーインフレです。１９８０年にジンバブエを独立に導き、首相、そして大統領となったロバート・ムガベは２０１７年に政権の座を追われるまで実に38年に渡って同国を率いています。独立闘争を率いた指導者として評価する声もあれば、同国を経済破綻させた「最悪の独裁者」という評価もあります。

2008年終わり、同国発行のジンバブエドルは2億%を超えるハイパーインフレに見舞われていますが、その理由はいくつもあります。ハイパーインフレの理由の一つは、マネーサプライの増加にあります。同国は、2000年初頭に労働者の賃上げ要求などに応えるべくジンバブエドルをそれこそ無節操に発行し、物価の極端な上昇を招いています。

さらに、白人が所有していた農地などを強制的に収容、多くの白人が国外に退去した結果、農業の生産性が極端に低下し、食糧不足を招いたほか、外資系企業の株式の過半数を強引に黒人に譲渡するように迫ったことで、ここでも外資系企業が一斉に同国から撤去し、激しい物資不足を引き起こしています。

こうしたモノの不足は、当然のように物価の上昇を招き、そこに通貨の無節操な発行などが加わったことで、同国は驚くほどのハイパーインフレに襲われることになったのです。つまり、ジンバブエのハイパーインフレは経済にあまりに無知な独裁政権が引き起こしたことであり、極めて異常なケースと言うことができます。

このように、歴史的に見てもハイパーインフレが起こっているのは戦争や独裁政権といった極めて特殊な状況がほとんどであり、戦後の先進国で財政赤字が原因でハイパーインフレが起きたケースはありません。

MMTが指摘するように、巨額の財政赤字を抱えるアメリカや日本に高インフレや、ましてやハイパーインフレを予想させるものは何一つないのです。つまり、MMT批判派が唱える「MM

Tは高インフレやハイパーインフレを引き起こし、経済を破綻させる」という批判はまったく当たらず、むしろ長期に渡ってデフレが続いた日本などは財政赤字を気にせず財政出動を行い、経済を成長させるべきだったのです。

以上、ここまで「MMTとは」についてあまり論評を交えることなく説明してきましたがいかがだったでしょうか。その主張に「なるほど」と納得する人もいれば、「いや、やっぱりおかしい」と言う人もいるかと思いますが、次章では、第1章で説明したケインズ経済学とMMTにおける中央銀行の役割や金利についての考え方を比較することで、その違いや問題点などを見ていくことにします。

第3章

ケインズ経済学とMMTの違い

3-1 異なる政府と中央銀行の役割

(1) 中央銀行が財政赤字を自動ファイナンス

第1章ではケインズ経済学とその後の経済学の流れについて、そして第2章ではそもそもＭＭＴはどのような理論なのかについて見てきましたが、主流派経済学者はＭＭＴを批判しています。その中でも筆者が知る限り、最も中立的かつ詳細に分析されているのが、経済思想と現今の経済政策との関連の研究で日本の第一人者とされる専修大学経済学部教授の野口旭氏がニューズウィーク日本版に連載した「ＭＭＴ（現代貨幣理論）の批判的検討」です。そこで本章では、主に野口氏の分析に依拠しながら、ＭＭＴの主張に対して主流派（ニュー・ケインジアン）の人たちがどのように評価しているのかを見ていくことにします。

野口氏によると、ＭＭＴが注目されている理由の1つは「世界的な政策潮流としての『反緊縮』が存在する」といいます。そして、その背景には２０１０年春に起きたギリシャ危機とその後の欧州ソブリン債務危機を契機として世界的な緊縮へのアンチテーゼがあり、緊縮に対する反緊縮という政策的立場の裏付けとして急浮上してきたのがＭＭＴです。

ＭＭＴは、ここまで見てきたように「自国通貨を発行する政府は財源や財政の赤字など気にすることなく財政出動ができる。注意すべきはインフレだけである」という主張であり、まさに財政赤字を嫌い、小さな政府を標榜する「緊縮派」へ真っ向から「ノー」を突きつける理論です。

ＭＭＴの主張する「反緊縮」に関しては、ＭＭＴの言う「主流派（ニュー・ケインジアン）」の中にも、金融政策が限界に近付いていている中で、性急な増税や支出削減の危険性や無用性を訴える「反緊縮派」も数多く存在しています。野口氏の言葉を借りれば「主流派中の反緊縮派」ですが、そこにはそうそうたる人たちが名を連ねています。以下の人たちです。

ポール・グルーグマン（ニューヨーク市立大学大学院センター教授。２００８年ノーベル経済学賞受賞）

ジョセフ・スティグリッツ（コロンビア大学教授。２００1年ノーベル経済学賞受賞）

ローレンス・サマーズ（元アメリカ合衆国財務長官。元ハーバード大学学長）

オリヴィエ・ブランシャール（マサチューセッツ工科大学教授。元ＩＭＦチーフエコノミスト）

これら世界的にも名の知れた経済学者や政治家たちも、「反緊縮」という政策面においてはＭＭＴと表面的には一致しているわけですが、彼らの誰一人として理論としてのＭＭＴは評価していません。

批判のポイントはいくつかありますが、その中の一つが政府と中央銀行の役割についてです。

ＭＭＴでは、中央銀行が政策金利を一定に保つべく金融を調節するため、財政赤字は自国通貨か国債によって自動的にファイナンスされます。

中央銀行は端末操作のみで自由に自国通貨を供給できるため、政府支出の財源としては国債も租税も必要ありません。政府が支出をすると金利が下がるため、それを調整するために国債を売却しますが、それが自動的に働きます。

政府支出はその支出額と同額だけ、民間預金と民間銀行が中央銀行に持つ準備預金を拡大させます。もし準備預金が必要額をはるかに上回る超過準備となれば、中央銀行が操作目標とする短期金融市場の政策金利が押し下げられるため、中央銀行は目標とする政策金利を保つために保有国債の売却をすることで超過分の準備預金を吸収します。

つまり、国債は財源確保のためではなく、金利を調節するためというのがＭＭＴの考え方です。

本来、中央銀行が政策金利を一定に保とうとする限り、金融市場におけるあらゆる資金需給の変化は中央銀行の金融調節によって必ず相殺されます。その局面では、ＭＭＴのもとになっているポスト・ケインジアンの内生的貨幣供給理論（貨幣を負債の一種とみなす信用貨幣理論を前提として、需要に応じて銀行によって貨幣が供給されるという理論のこと）が主張してきたように、中央銀行は経済の必要に応じて通貨供給を増減させるしかない受動的な存在となります。

(2) 中央銀行が果たす役割の違い

このように、政府の財政赤字支出は中央銀行の金融調節を通じて民間の国債保有か準備預金のいずれかによって自動ファイナンスされるため、財源は必要ありません。

そして、政府の財政赤字支出は必ず事後的に国債かベースマネー（現金＋準備預金）のいずれかによってファイナンスされるため、赤字財政支出に「財源」は必要ありません。一方、国債もベースマネーも政府が民間に対して負う債務であり、税収を通じてのみ償還されます。

以上を踏まえると、以下のような基本方程式が成立します。

G（政府支出）＋iB（iは国債利回り、Bは国債残高。iBは政府から民間への金利支払い総額）－T（税収）＝⊿B＋⊿M_h（ベースマネー残高）

⊿（デルタ）は「増加」を表しています。

この式が表しているのは

財政収支＝国債増減＋ベースマネー増減

つまり、政府の財政収支は必ず国債残高およびベースマネー残高の増減に等しくなるということです。

野口氏によると、この式はどのような場合にも常に成立する「自明の会計的恒等式」にすぎませんが、ＭＭＴにとってこの式は「基本方程式とでもいうほどの重要性を持つ」といいます。

どういうことかというと、ＭＭＴは左辺の財政赤字が民間資産の拡大を生み、その逆はなく、財政赤字が国債の発行やベースマネーによって制約されません。ＭＭＴは、これを「スペンディングファースト」と呼んでいます。これは政府が支出することからすべてが始まるという考え方であり、自国通貨を発行する国は現在の財政赤字を将来の黒字で償還する必要はありません。

ＭＭＴの「中央銀行が政策金利を一定に保とうとするため、貨幣供給は内生的に（銀行は銀行預金を原資として貸し出しを行っているのではなく、銀行の貸し出しは借り手の預金通帳への記帳によって行われ、銀行は何もないところから貨幣を創造している）決まり、中央銀行は貨幣供給を制御できない」とするのに対して、主流派はＭＭＴが「一定とする政策金利水準」を、中央銀行が「能動的に決める」金融政策を重視しています。ここに両者の大きな違いがあります。

ＭＭＴは政策金利を一定と考えていますが、主流派は「一定に決まる政策金利の水準をどのようにして決めるのかを考える」ことこそが重要であり、それが金融政策であるというのが主流派の考え方となります。

(3) 中央銀行は無能か否か

ＭＭＴは、中央銀行は経済に必要に応じて貨幣を供給する以外には何の役割もないという「受動主義」、さらに言えば「中央銀行無能論」を主張しているのに対し、主流派は中央銀行が利子率を適切に調整しない限り、経済の安定化は実現できないという「能動主義」を主張しています。

もしＭＭＴが言うように、中央銀行が利子率を適当に固定してそれに同調する（同調的金融政策）だけであれば、経済は必ずインフレかデフレになってしまう、というのが主流派による批判の根拠となっています。

同調的金融政策の問題点を早くから指摘していたのが、スウェーデンの経済学者で『利子と物価』（１８９８年）で知られるクヌート・ヴィクセルです。

ヴィクセルは、物価の累積的上昇ないし下落を自然利子率と貨幣利子率の乖離によって説明し、物価の絶対的水準が均衡からのわずかな乖離によって累積的に変化するという貨幣経済独特の動きを明らかにしています。

ヴィクセルの言う「自然利子率」というのは、「インフレもデフレも起きないような水準の利子率」のことで、長期的には経済成長率に収斂する傾向を持つと言われていますが、もし中央銀行が設定した利子率と経済成長率に乖離があった場合には何が起きるのでしょうか。野口氏がこう解説しています。

「たとえば、毎年５％成長している経済で、中央銀行が利子率を２％に設定したとしよう。成長率が５％ということは、銀行から資金を借り入れて投資を行った場合の収益率もほぼ５％と考えることができる。それは中央銀行が利子率を２％に設定した場合、民間の人々は２％の投資コストで５％の収益を得られてしまうことを意味する。こうした状況が続けば、民間の資金需要そして資金供給は無制限に拡大していくことになろう。その結果は無制限のインフレである。中央銀行による貨幣の供給はキーストロークのみで可能なので、それを制約するものは何もない。同様に中央銀行が利子率を過度に高く設定した場合には、逆のメカニズムを通じて累積的な貨幣収縮とデフレが生じることになる。」

このように、中央銀行の決めた利子率と経済成長率の乖離は必ずインフレやデフレが累積してしまうというのがヴィクセルの考え方です。では、インフレにもデフレにもならないようにするためにはどうすればいいのかというと、中央銀行が利子率をインフレもデフレも起きないような水準に設定することが必要になります。そしてもし中央銀行がこうした金利調整に失敗してしまうと、経済は必ずインフレないしデフレへの道を辿ることになってしまいます。

つまり、ＭＭＴが「中央銀行は利子率を適当に固定して同調していればよく、できるのは貨幣を必要に応じて供給する以外の役割はない」とするのに対し、主流派は「中央銀行が利子率を適当に固定してそれに同調しているだけでは経済は必ずインフレかデフレのいずれかの累積過程に陥ってしまうため、中央銀行は利子率を適切に調整することで経済の安定化の実現に努めなければならない」と考えています。

景気が悪い時は利子率を下げると金融緩和の効果があり、経済の過熱感が出てくると金利を上げることで過熱を冷ますことができますが、この視点がＭＭＴには抜け落ちているというのが主流派の見方です。

その意味では、「中央銀行」の果たす役割に関してはＭＭＴと主流派はまさに対極にある存在なのです。

このように、ＭＭＴが中央銀行の役割を同調的なものと考えているからこそ、日本において日銀などが厳しく批判するのは当然です。現在の日銀法では、日銀の独立性が担保され、インフレ目標を決めるかどうかや、何％のインフレ目標にするか、どのような手段で目標を達成するのかといったことのすべてが日銀の裁量に任されています。

つまり、何をするにも日銀独自の判断で行うことができるわけですから、ＭＭＴの言う「同調的金融政策」や、「中央銀行無能論」は自らの存在価値の否定につながります。

一方、日本の財務省もＭＭＴを厳しく批判していますが、その中心は「政府は財政赤字を気にすることなくいくらでも財政出動ができる」という点であり、「中央銀行無用論」や「同調的金融政策」に関しては、むしろ日銀が自分たちに従ってくれるのは好ましいことであり、こちらに関しては「関係ない」というのが本音かもしれません。

(4) 主流派も「流動性の罠」の下ではＭＭＴと同調

ここまで、中央銀行の役割をめぐってのＭＭＴと主流派の違いを見てきました。だからこそ主流派はＭＭＴを批判するわけですが、その一方で両者の考えが一致する部分もあります。それが、金融政策が限界に達している時、つまり「流動性の罠」に陥っている際の財政出動の有効性についてです。

「流動性の罠」は、経済学者のジョン・ヒックスが発案したもので、金利水準が異常に低い時は、貨幣と債券がほぼ完全代替（債券は本来利子がつくものですが、金利水準が低すぎて利子がつかなくなる）となってしまうため、いくら金融緩和を行っても、景気刺激策にならないという状況を指しています。ここではマネーサプライをいくら増やしても、増やされた貨幣は退蔵されてしまい、民間投資や消費を刺激できません。

本来、金利が高いとお金は投資などに向かうのではなく国債に吸い取られるため、金利を下げることによってそのお金を違うところに向かわせるのが金融緩和の効果ですが、あまりに金利が低すぎると、その効果は出なくなってしまいます。実際、日本も２０１６年からマイナス金利になっており、流動性の罠に陥っているとする見方もあります。

第1章で見たように、ケインズ経済学の勃興以降、さまざまな流れを経て「財政政策＝悪。やはり財政政策より金融政策だよね」が主流となってきましたが、その流れの中で金利は長い目で見てずっと下がってきています。言わば金融政策に頼り過ぎたがゆえに、金融政策も限界に近づいてきたと見ることができます。

特に、日本やヨーロッパでその傾向は顕著になっており、そこに登場したのが「金融政策よりも財政政策が何より重要だ」というMMTです。

主流派は金融政策と財政政策の協調による景気刺激策を重視していますが、流動性の罠が前提であれば、財政政策主導で金融政策が同調となり、結果的にMMTの主張と一致することになります。その最たるものが日本です。金利はマイナスで、長期金利もコントロールしています。もしここで財政を出動すれば、MMTの主張と同じであり、やっていることはMMTとまったく同じに見えますが、日本はそこまで財政を出してはいません。

日本の※リフレ派は海外の主流派に近いと言われていますが、わざわざ日本独自の「リフレ派」という言葉があるということは、日本の主流派は海外の主流派と別物と言えます。日本の主流派はMMTの「財政赤字を気にせず財政を出せ」という主張を激しく批判していますが、海外の主流派は流動性の罠という状況においては財政を出せと主張していますから、そこには大きな違いがあります。

（※リフレとはリフレーションの略で、デフレから抜けたが本格的なインフレに達していない状態を指す。リフレ派は、日本経済の停滞を総需要の不足とし、金融・財政政策を組み合わせたリフレーション政策を重視する）

では、流動性の罠においては「財政を出せ」という点では共闘できる主流派とＭＭＴがなぜお互いに批判し合っているかというと、流動性の罠を脱出したあとの考え方に違いがあるからです。

ＭＭＴは流動性の罠から脱出しても、これまで通り中央銀行による金融政策を無効とし、財政政策のみでマクロ経済を安定させようとしているのに対し、主流派は中央銀行による金融政策なしに財政政策だけでマクロ経済の安定化など到底できるはずがないと主張しています。

つまり、ＭＭＴが中央銀行をどの時点でも「無能」と考えるのに対し、主流派は流動性の罠における金融政策の効果が低いことを認めつつも、やはり中央銀行による金融政策があってこそ経済は安定的に成長できると考えているのです。

そのため、主流派は金融政策なしにどうやってインフレを防ぐことができるかとＭＭＴの危うさを批判するわけですが、ＭＭＴ派は「インフレが加速したら財政を締めればいいではないか」と財政政策だけで経済の安定的成長は可能だと反論しています。

こうした金融政策と、その担い手である中央銀行に対する考え方の違いがＭＭＴと主流派の違いとなりますが、今日、日本が迎えているような流動性の罠においては両者の意見が一致するというのがまた面白いところと言えます。

3-2 「クラウディングアウト」は起こるか否か

(1) 財政均衡が必要か否か

ＭＭＴは「自国通貨を発行する政府は財政赤字など気にすることなく財政出動ができる」という主張に対して主流派が指摘する懸念はインフレであり、クラウディングアウトです。

クラウディングアウトとは、政府が過度な減税、公共事業などを行うと金利が上昇してしまい、結果として民間企業がお金を借りにくくなり、新たな投資ができなくなってしまう現象をいいます。政府が張り切り過ぎてしまうと、民間投資を押し出してしまい本末転倒なので注意しましょう、という文脈で使われます。

インフレへの懸念については第2章などで詳述しましたが、クラウディングアウトに対する主流派の主張はこうです。

「財政赤字は民間貯蓄を奪うため、利子率が上がり、民間投資を追い出してしまう」

たしかに主流派も「不完全雇用」の下では財政赤字による民間投資のクラウディングアウトはそれほど起きないと考えていますが、完全雇用に達した場合には、財政赤字はほぼ確実に民間投資のクラウディングアウト、金利上昇、さらにはインフレを引き起こすことになると考えています。

つまり、財政赤字が許されるのは不景気の時だけであり、好景気になったなら財政収支の均衡が望ましいというのが主流派の考え方です。

一方、MMTの主張は財政赤字によるクラウディングアウトは原理的に起きないのだから、不景気の時だけでなく好景気の状態であっても、インフレが加速しない限り財政赤字は許されるし、そもそも財政収支均衡の必要はありません。

つまり、不景気における財政支出は主流派もMMTも必要性を認めていますが、不景気から好景気となった場合には、主流派が財政赤字はクラウディングアウトにつながるため許容できないのに対し、MMTはそもそもクラウディングアウトが起きないのだからインフレという制約条件を除けば、完全雇用を目指して財政支出は認められるという対極の考え方となります。

では、なぜMMTはクラウディングアウトが起きないと言い切ることができるのでしょうか。

理由は、MMTにおいては中央銀行が利子率を常に一定の水準に保つように金融調節を行うことになっており、政府が支出を拡大させると、自動的に貨幣供給が拡大するからです。

図9のようにIS－LM分析的には、IS曲線の右シフトによって金利上昇（左図）となれば、必ずLM曲線の下方シフトが誘発（右図）されます。

つまり、通常のIS－LM分析では、左図のように政府が財政赤字を拡大すれば、必ず金利が上昇（r_0からr_1へ）します。それは右下がりのIS曲線が意味しているようにより高い金利はより少ない民間投資をもたらし、民間投資がクラウディングアウトすることになりますが、MM

Tが主張するように中央銀行が貨幣供給の増加によって金利上昇を抑え込めば、民間のクラウディングアウトは起こらなくなります。

これが、財政支出がクラウディングアウト起こさないというMMTの根拠です。

(2) 政府支出が金利を引き下げるMMT

主流派によると、政府の財政支出は金利の上昇を通じて民間投資のクラウディングアウトにつながるわけですが、むしろMMTでは、政府が支出をすると民間銀行のお金が増えるため中央銀行が利子率を一定に保つように金融調節しなければ、政府支出は利子率の下げ圧力になると主張しています。

MMTでの赤字国債発行は、財源調達のためではなく、銀行の超過準備を吸収するためであり、それによって中央銀行は金利目標を維持することが可能になります。

つまり、主流派にとっての赤字国債はお金を調達するた

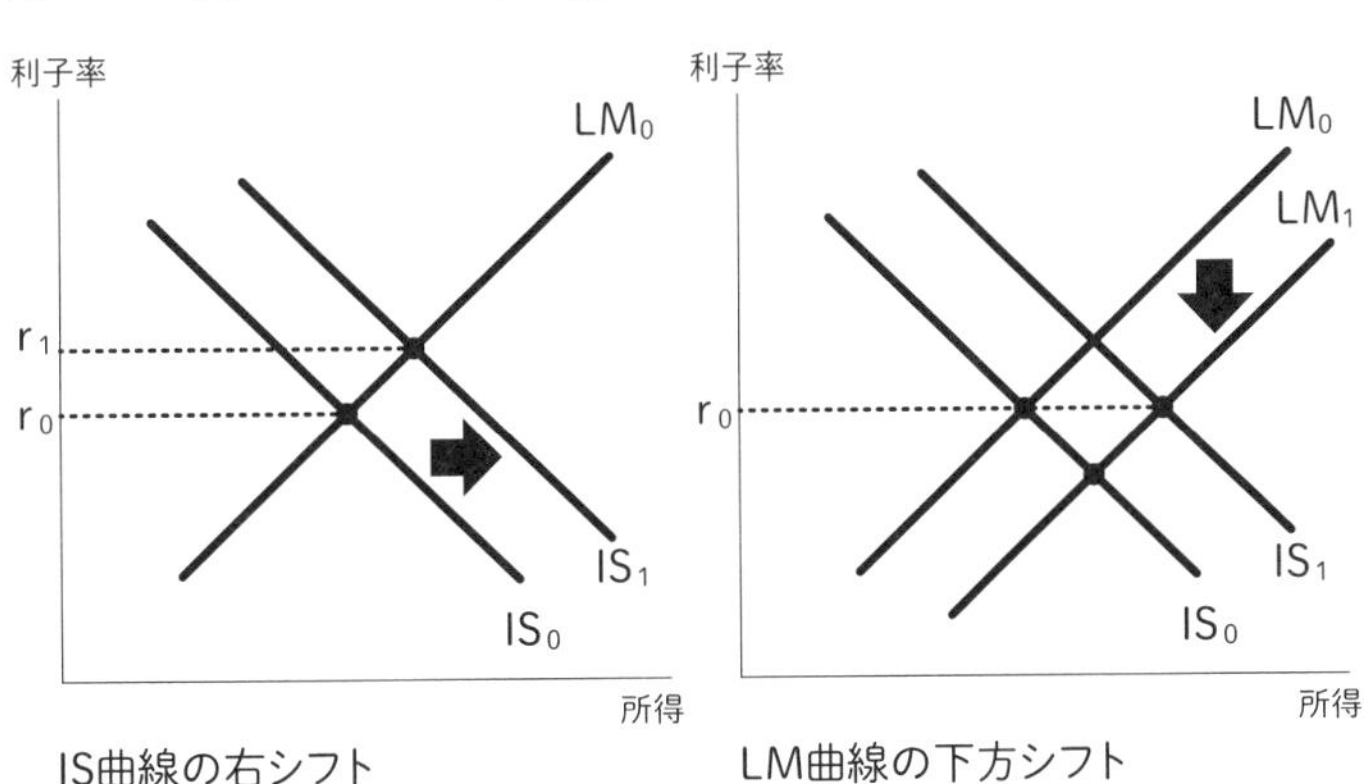

図9　ＩＳ－ＬＭ分析

めなのに対し、MMTは利子率調節のためであり、財源は政府がキーストロークで生み出せばいいのです。

では、なぜ国債によって超過準備を吸収しなければならないのかというと、仮に超過準備を吸収しなければ、超過準備に利子を付けない限り、政策金利は低下するからです。中央銀行が政策金利を維持しないと利子率の低下をもたらすことになるからです。

この流れを図に表すとこうなります。

> MMTの政府支出＝政府から民間への財政支出支払い↓民間銀行預金増、準備預金増↓短期金融市場での金利低下↓中央銀行は金利水準目標維持のため金融調節（国債売りオペ）

これはつまり、政府が間接的にお金の供給権を持っていることを意味します。政府は財政を出すか引っ込めるかで金利をコントロールできるのに対し、そこに中央銀行は口を出せないというのがMMTの考え方なのに対し、主流派の考えは、中央銀行は政府から独立していて、マネーの供給は中央銀行がコントロールすることになるというものです。

こうした考え方は、先ほどのIS－LM分析的で解釈すると次のようになります。

通常の理解では政府の財政支出による銀行の準備預金の増大は中央銀行のベースマネーが拡大したことを意味します。IS－LM分析ではLM曲線の右シフト（LM_0からLM_1へ）を意味するので、利子率は当然下落します。しかし、ＭＭＴでは中央銀行が利子率の低下を許さないため、国債売りオペで超過準備を吸収して利子率を矢印のように元の目標水準まで戻そうとします。ただし、これは主流派的には中央銀行のベースマネーの縮小を意味します。

(3) ＭＭＴに存在しない財市場

こうしたＭＭＴの考え方をしていくと、おかしなことになるというのが主流派の見方です。通常のＩＳ－ＬＭ分析では、政府の財政支出はＩＳ曲線の右シフトとして現れます。金利が上昇して民間投資のクラウディングアウトが起きるのはそのためです。

しかし、ＭＭＴでは「ＩＳ曲線の右シフト」に相当する状況はどのステージでも想定されていません。政府の財政支出は政府による民間の財サービスの吸収を意味しますから、それによって国の生産と所得は押し上げられる、つまり「ＩＳ曲線の右シフト」となるはずですが、ＭＭＴにはＩＳ曲線に相当する分析用具が存在していません。

ＭＭＴにおいては、政府が中央銀行を通じて通貨を創出すれば、金利上昇も民間投資のクラウディングアウトも起きず、民間から政府に無限の財・サービス移転が可能となりますが、現実の経済においては供給力以上の財やサービスを生み出すことはできません。にもかかわらず無限の財・サービス移転が可能で、民間のクラウディングアウトも起きないとなると、「それって本当なの？」という疑問が生じることになります。

つまり、ＭＭＴには財市場分析が存在せず、完全雇用という供給制約の想定がなく、通貨創出も実物的な制約がないため、政府は中央銀行を通じた通貨創出によりいくらでも財・サービスを民間から政府に移転できるし、民間投資のクラウディングアウトも起きないという結論になるのではないかというのが野口氏の分析です。

⑷ クラウディングアウトに対する主流派との違い

政府の財政支出によって民間投資のクラウディングアウトが起きるという問題に対する主流派の考えは、政府による財政支出は所得を引き上げますが、所得の拡大には「完全雇用」という限界があるため、完全雇用に到達した場合の政府の財政赤字支出は所得の拡大ではなく、単にインフレ加速に結び付くというものです。

一方、不完全雇用下では、経済が実物的な制約に直面していないため、金利の上昇は金融緩和によって抑え込める（ＭＭＴでは自動的に行われる）ため、赤字支出が行われても金利上昇やクラウディングアウトは起きにくいということになります。この点に関しては、主流派とＭＭＴは近い考え方です。

ただし、財市場や労働市場に需給の緩み（不完全雇用）が存在し、所得の拡大余地が残されていれば、投資が所得を生み、所得が貯蓄を生む投資と貯蓄の因果性がありますが、完全雇用では受給の緩みがなくなるので状況は一変します。

もっとも、ＭＭＴは「利子率は中央銀行が外生的に決める」という立場ですから、利子率が市場の需給で決まるという主流派の想定自体がおかしいと反論するでしょう。

(5) ＭＭＴは永遠の不完全雇用が前提

では、ＭＭＴの言う「利子率外生説」を前提に考えるどうなるのでしょうか。

その場合、政府が支出してもＭＭＴの言うように中央銀行が利子率を固定すれば、貯蓄に対する投資の超過需要が発生します。

それは同時に財市場での供給に対する需要超過となり、当然ながら物価上昇が生じることになります。

したがって、中央銀行は物価を安定させるために利子率を自然利子率まで引き上げる必要が生じます。

つまり、利子率内生ではなく、ＭＭＴの言う利子率外生にすると、利子率はたしかに上がりませんが、代わりに物価の上昇が生じます。

このように「財政赤字は金利の上昇も民間投資のクラウディングアウトももたらさない」とい

うMMTの結論は、主流派的には「不完全雇用」では成り立つものの、完全雇用では成り立たないことになります。

にもかかわらず、MMTは上記の主張を変えることはありませんし、「完全雇用では財政支出はクラウディングアウトを引き起こす」という主流派の立場を非難しています。だとすると、MMTというのは「永遠の不完全雇用」を前提とした理論であると指摘できるのではないでしょうか。

では、仮にMMTの言う「財政赤字は金利の上昇も民間のクラウディングアウトももたらさない」という結論を信じて、財政赤字を気にすることなく財政支出を行ったとしたら何が起こるのでしょうか。

金融市場で重要なのは「参加者がどのように考えているか」です。少なくとも現段階ではMMTはマーケットでは「異端」であり、その理論を信じる人は多くはありません。だとすると、MMTの主張に沿って赤字財政での財政出動を行ったとすると、実際の市場では政府が国債を増発すると金利は上がります。みんなが同じ考えならいいのですが、そうではない場合、MMT派ではなく、他の経済は人がどう考えているかが重要で、恐らくMMTの主張とは違う結果になるはずです。

3-3 政府の予算制約の考え方

(1) 予算制約が存在するか否か

これまで見てきたように、ＭＭＴによると、政府の財政支出は民間にとっての資産となるので、民間投資のクラウディングアウトは原理的に生じません。

そのためＭＭＴによれば、財政赤字は許容されるべきですが、ＭＭＴは基本的に政府の財政赤字支出を金融的な側面のみで捉えており、財市場に与える影響を考慮していないところに問題があります。確かに貨幣市場だけならＭＭＴの主張は正しいのですが、そこから財市場が抜け落ちているところが大いに問題なのです。

実際、主流派の言うように民間投資のクラウディングアウトや金利の上昇、インフレの加速などは金融的現象であると同時に実物的現象（財市場が供給制約に直面して顕在化するもの）でもあるので、今はそれらが顕在化していないので「ＭＭＴはいいかも」と言われていますが、実際に完全雇用の供給制約に直面したらはたしてどうなるのかは大いに気になるところです。

またＭＭＴによると、「政府の財政支出はその乗数倍の所得をもたらし、財政赤字に見合うだけの貯蓄をもたらす」となりますが、この考え方は、主流派は不完全時雇用時だけ成立するものと指摘しています。

さらにＭＭＴによると、「家計とは違って政府には予算の制約は原理的に存在せず、政府財政における本質的な制約は政府の資金ではなく、その時々の生産資源の存在量にあり、もしこれらの供給に制限がなければ、政府はその債務を無限大にまで拡大できる」となります。しかし、それに対して主流派はこう反論しています。

家計と政府はたしかに違っており、個人の場合は寿命という制約があり、債務に関しても「自分が生きているうちに」返済できるかどうかが制約となるのに対し、政府には人間のような寿命はなく、その意味での政府の予算制約は家計よりもはるかに緩やかではあっても、だからといってＭＭＴが言うように「予算制約は存在しない」とまでは考えられない。

なぜなら、主流派によれば際限のない財政赤字を続ければ、完全雇用になったとたんに民間のクラウディングアウトが起きる以上、それを起こさないためにもある程度の予算制約はあるというのが主流派の考え方です。

とはいえ、日本のメディア的な「家計になぞらえてこのままでは大変なことになる」というアピールはやはりやりすぎの感があります。マスコミでしばしば報じられるように、確かに「生まれたばかりの子どもまで何百万円の借金」を背負っていたとしたら、それは返すのが大変なのは当然のことです。

近年、進学のための奨学金がその後の人生の重荷になるとよく報じられています。大学を卒業して正社員になることができれば在学中に借りた奨学金を返すことは何とかなったとしても、もし正社員になることができず非正規やパート、アルバイトなどで返済するとなると、奨学金は大変な重荷となり、中には自己破産を余儀なくされ、保証人に大きな負担をかけるケースも見受けられます。

このように、個人にとっては数百万円も借金であっても人生の大きな重荷になり、その後の人生さえも左右することになりかねないわけですが、政府の借金を家計や個人になぞらえて「このままでは日本は大変なことになる」「このままでは子や孫に大きなツケを回すことになる」と脅すのはやり過ぎではないでしょうか。

個人と違って政府には寿命がないわけですから、そもそも個人と同列に論じること自体が誤解を招きます。もちろん主流派が言うように「時間的視野を無限大にまで引き延ばせば政府にも予算制約は存在」しますし、完全雇用でのクラウディングアウトを防ぐという意味での予算制約は存在します。

それだけに、ＭＭＴが主張するように完全雇用でも一切の予算制約がないというのはやや無理がありますが、少なくとも不完全雇用においては予算制約に縛られるよりも財政を出した方がいいという点ではＭＭＴも主流派が一致します。

(2) 政府の財政運営に関する各派のスタンスの違い

ここまでＭＭＴと主流派の違いを中心に見てきましたが、ＭＭＴは政府の財政運営のあり方に関する専門家のスタンスを３分類しています。それが「赤字タカ派」「赤字ハト派」「赤字フクロウ派」の３つです。

以下、それぞれの主張をまとめることにします。

■タカ（反ケインズ）派

「反ケインズ派」と言うこともできます。本来、一会計年度で政府支出と収入を一致させることは難しいと考えられていますが、タカ派は、政府は常に財政均衡や黒字達成に向けて努力すべきと主張しています。

そのため、ある年度に赤字が発生すれば、政府はその翌年にはすぐ歳出削減や増税で黒字化して補うべきだとなります。

こうしたタカ派にとって「財政赤字は民間のクラウディングアウトをもたらすだけ」であり、財政赤字を極度に嫌っていますが、実際には財政赤字による民間のクラウディングアウトは不完全雇用では成立しないだけに、やはり行き過ぎた考え方と言うことができます。

緊縮派と見られているのは主に日本の財務省や日本の主流な経済学者などですが、こうした人たちが日本では「主流派」です。先ほどから「主流派」という言い方をしていますが、そこでの「主流派」はあくまでも「海外の主流派」を指しており、「日本の主流派」ではありません。

これら「財政規律が緩み、財政赤字の拡大が始まったら止められなくなる」と考える人たちにとって「制約なき財政出動」を主張するＭＭＴは、当然許容できません。

ハト（ケインズ）派

緊縮派が財政赤字を「悪」と考えるのに対し、ハト派は不況期の財政赤字を許容しています。もちろん次に説明するフクロウ派のように「財政赤字も財政均衡も気にする必要はない」と言っているわけではなく、財政均衡の必要性は認めつつも、それは景気循環の過程で達成すればいいというのがハト派の考え方です。

「ビルトイン・スタビライザー」という言葉があります。財政制度に備わっている景気変動を自動的に調節する機能のことですが、景気が良くなれば所得の増大によって税収が増え、財政が黒字となって景気の過熱を抑制するのに対し、不景気の時には税収が減り、社会保障費の支払いが増えることで財政は赤字となり景気を支えることになるという効果のことです。

こうした仕組みが、今日の財政制度の中には組み込まれているため、政府は景気の後退期には赤字を創出し、景気の拡大期には構造的財政赤字を縮小すべきであり、こうした景気の循環過程の中で財政収支の均衡を達成すればいいというのがハト派の考え方です。

こうした考え方に立てば、世界恐慌やリーマンショックの時などは、低迷する景気を刺激するために、赤字は当然許容されます。リーマンショック後のアメリカの対応については既に触れましたが、その対応があったからこそアメリカは先進国の中で最も早く経済を回復させることができたのです。

それはアベノミクスについても言えることで、確かに2013年には大胆な金融政策と機動的な財政政策を打ち出していますが、その後、消費税を引き上げ、公共投資も減らすなど機動的な財政政策を早めにやめています。もしここでさらなる財政政策を行っていればマイナス金利に追い込まれずに、景気はもう少し上向いていたかもしれません。

こうした政策には、ある年に赤字が発生したら、その翌年には支出削減や増税を行うべきと言う日本の主流派であるタカ派の意向が強く反映されていますが、世界の主流派であるハト派であれば、景気が低迷している間は財政赤字を許容し、景気が回復して税収が増加し始めて初めて財政収支の均衡を図ることになるはずです。

ちなみに、主流派にとって縮小させる必要がある赤字は「不況期に必然的に生じる循環的赤字」ではなく、「好況期においても残っている構造的赤字」であり、財政赤字は悪であり、何が何でも財政均衡をしなければならないという反緊縮派とは「削減すべき赤字」についての考え方でも違いがあります。

■フクロウ（ＭＭＴ）派

タカ派もハト派も時期はともかく「均衡財政」の必要は認めているのに対し、フクロウ（ＭＭＴ）派はそもそも均衡財政の必要はないと考えています。根拠の一つにアバ・ラーナーの「機能的財政論」があります。

ラーナーによると、国債が国内で消化される「内国債」である場合は、国債の償還金の支払先は国民であり、言わば「右ポケットの小銭を左ポケットに移しているようなもの」となります。だとすれば、内国債の累積によって財政破綻を心配する財政均衡論者は空になった右ポケットだけを見て騒いでいるようなものであり、本来は家計と違って政府は予算の制約など心配する必要はありません。

だとすれば、政府が目指すべきは財政の均衡ではなく、完全雇用と物価安定、貧困緩和、格差是正、環境問題、生活水準向上などの達成こそ目標です。

こうしたフクロウ派の考え方への批判は多いものの、必ずしも全否定されているわけではありません。不完全雇用下での財政出動という点ではＭＭＴ派も主流派も一致しています。

(3)　ＦＴＰＬやヘリコプターマネーとＭＭＴの違い

政府の財政政策のあり方に関して、「リカーディアン」と「非リカーディアン」という区分があります。

経済学者リカードの名前にちなんでいます。赤字国債を将来の増税で賄おうとする政府は「リカーディアン政府」、それをしない政府が「非リカーディアン政府」です。そしてリカーディアンの立場に立てば、たとえ減税や公共投資などで景気浮揚に努めたとしても、人々は増発された国債はいずれ将来の増税などによって賄われると考え支出を抑えるため、景気浮揚の効果は低いものになってしまいます。

反対に非リカーディアンの立場に立てば、政府が減税や公共投資によって景気の浮揚に努めたとしても、人々は増発された国債の返済の財源として増税は予定されていないと考えるため、安心してお金を使うので財政政策は有効に機能することになります。

ＭＭＴは政府の支出は民間の資産の増大であり、家計と違って政府には予算制約は存在しないと考えていますから、ＭＭＴにおいては政府も民間も非リカーディアン側です。

同様に「非リカーディアン」を前提としているのが近年話題になった「ＦＴＰＬ」や「ヘリコプターマネー」です。

「ＦＴＬＰ」（物価水準の財政理論）は、ノーベル経済学賞を受賞したクリストファー・シムズが提唱したもので、日本では内閣参与の浜田宏一氏が「目からウロコが落ちた」と評価したことで関心が高まりました。

ＦＴＰＬの特徴は、従来の物価は貨幣の供給量で決まるという考え方に対して、物価水準の決定を貨幣的現象ではなく、財政政策に求めたところにあります。シムズによると、「現在の物価は将来の実質財政余剰と現在の名目財務残高が等しくなる水準に決まる」ことになります。

　式で表すとこうなります。


現在の物価水準＝名目債務残高／将来の実質財政剰余

　つまり、現在の物価水準は過去から将来にわたる政府予算を均衡させるよう決まります。名目債務残高は過去から現在までの財政赤字の累積として既に決まっていますから、あとは「将来の実質財政剰余」が大きくなれば物価水準は下落し、反対に小さくなれば物価水準は上昇します。だとすれば、政府がリカーディアン型で「名目債務を将来増税で返済する」と家計が考えると物価変動は生じなくなるため、財政主導の物価変動のためには政府も家計も非リカーディアン型が前提条件となります。

　そのため、２０１９年10月に消費税を８％から10％に挙げた後、安倍総理が「今後10年は消費税率を上げない」と言ったのは、政府も民間も非リカーディアン型になって欲しいからかもしれませんが、果たしてその言葉を信じている人がどれだけいるかが問題です。

　２０１９年11月にＩＭＦ（国際通貨基金）のゲオルギエバ専務理事が、日本経済に関する年次審査後の声明で「２０３０年までに消費税率を15％、50年までに20％に段階的に引き上げる必要がある」と指摘しました。確かに安倍総理の言う「今後10年は」の「1年先」ではありますが、こうした「将来の増税」をうかがわせる発言は、政府と言うよりは国民を「リカーディアン型」にする恐れがあり、日本経済正常化の達成はさらに難しくなるかもしれません。

ＦＴＬＰ同様に話題になったものに、ミルトン・フリードマンが提唱してＦＲＢの元議長ベン・バーナンキなどが支持した「ヘリコプターマネー」論があります。ヘリコプターマネーというのは、政府あるいは中央銀行があたかもヘリコプターから現金をばらまくように、対価をとることなく大量の貨幣を市中に供給する金融政策のことです。

この時、国民が「資産」が増えたと認識して、そのお金を消費支出にあてれば景気は刺激され、やがてインフレがもたらされますが、もしここでも人々が「政府はヘリコプターから大量の貨幣をばらまいたけれども、いずれは増税によってその分を回収するんだろう」と考えれば、人々は支出を増やすことはありません。

つまり、ヘリコプターマネーにおいても政府や家計が非リカーディアン型であることが前提で、リカーディアン型ではどのような政策をとったとしても期待通りの物価上昇は困難なのです。

このように、ＭＭＴもＦＴＰＬもヘリコプターマネーも、赤字国債を将来の増税によって賄わない政府と、国債を純資産の増加とみなして消費を増やす家計という非リカーディアン型の政府と家計が前提となります。しかし、ＦＴＬＰとヘリコプターマネーが財政赤字とその穴埋めのための増税はしないという約束に伴う民間資産の増加を不況対策に使おうとしているのに対し、政府債務は帳簿上の記録に過ぎず、政府予算には一切の制約がないとして不況対策のために財政出動を行うＭＭＴは似ているようで、実は「似て非なるもの」です。

その違いはどこにあるのかというと、ＭＭＴはそもそも国債や税金によって財源を賄うという仕組みになっていません。既に触れたように、ＭＭＴにおける国債は財源確保のためではなく、増えすぎた準備預金を吸い上げることで金利を調節するために発行するというのがＭＭＴの考え方です。

また税金に関しても、納税義務によって通貨はその価値を持つわけですが、政府は支出のための財源として税を徴収する必要はなく、喫煙や温室効果ガスといった「悪」に対して税金を課します。

つまり、ＭＭＴには元々「赤字を税金によって賄う」という発想がないわけですから、「赤字を税金で賄うつもりはありませんよ」とみんなに信じてもらわなければならないＦＴＰＬやヘリコプターマネーとはそもそものスタート地点が違っているのです。

いずれにしても、ＦＴＰＬやヘリコプターマネーが「みんなが赤字を増税によって賄うことはない」と信じている非リカーディアン型を前提にしなければ効果を発揮できないように、今日、経済の最大の問題は金融政策や財政政策といった経済学以上に心理学的な問題となっているとの見方もあります。たとえば、日本人がなぜ過剰貯蓄になるかというと、そこには「将来への不安」があるからです。

マスコミなどを通して日本は巨額の財政赤字を抱えていることは誰もが知っていますし、「1人数百万円の借金」などと言われれば、誰もが不安を感じ、お金を使わなくなるのは当然のことです。まして「老後資金2000万円不足」といった報道があればなおさらです。

そう考えると、日本の経済を成長させていくためには、MMTも主流派も一致している不完全雇用下での積極財政に加えて、国民の持つ将来不安をいかに解消していくのか、あるいはお金を使うと得をする仕組みをもっと大胆に導入することも必要なのではないでしょうか。

以上、MMTと主流派の違いを3つのポイントから見てきました。簡単に整理しておきます。

1．中央銀行の役割

MMTは財政政策を何よりも重んじ、中央銀行の役割を軽視する傾向があります。一方の主流派は、MMTが一定とする政策金利水準について中央銀行が能動的に決める金融政策を重視し、「そもそも金利水準をどこに設定するか」こそが重要だと考えています。ただし、金融政策の効果が出にくい流動性の罠の下においては、主流派もMMTと同様に財政政策主導で景気を回復させることに賛成です。違いは、主流派は金融政策と財政政策で経済を安定させようとするのに対し、MMTは財政政策のみで経済は安定させられると考えている点です。

2．クラウディングアウトが起きるか否か

主流派が財政赤字は民間貯蓄を奪い、利子率を上げ、クラウディングアウトにつながると考え

るのに対し、ＭＭＴは財政赤字によるクラウディングアウトは起きないと考えています。そして、不完全雇用下においては主流派もＭＭＴも財政赤字を容認しますが、完全雇用になったら財政赤字がクラウディングアウトを招くと考える主流派に対し、ＭＭＴはそれは起きないと主張し、財政収支均衡の必要はないと考えています。

3．予算制約の有無

ＭＭＴは政府には個人と違って寿命がなく、クラウディングアウトも起きない以上、政府の予算制約はなく、財政均衡の必要はないと考えます。一方主流派は、単年度での財政均衡を求める緊縮派ほどではないにせよ、長い目で見れば政府にも予算制約はあると考えます。そして財政均衡は景気循環の中で達成すればいいというのが主流派の考え方であり、不景気の時にはＭＭＴ同様に積極的な財政出動を求めています。

第4章

MMTの考え方（MMTは日本で実現するのか？）

4-1 ＭＭＴの課題

(1) 機動的な財政政策

本章では私自身のＭＭＴに対する考え方、特に「ＭＭＴは日本では実現するのか」について説明していきます。

まずＭＭＴ的な考え方は、ある条件下では主流派の考えとかなり近いものがあり、私自身もＭＭＴについて「異端」であるとか、「明らかに間違っている」とまでは思っていません。

ただし、ある条件の下ではこういう考え方もできるなと思いますが、問題は経済学上の一理論としてではなく、一国の経済政策としてそのまま適応できるのかというと疑問符がつきます。

最大の疑問点は、金融政策に関しては「目標水準に金利を固定するだけ」であり、財政政策のみでインフレをコントロールできると主張していますが、はたして本当にそれが可能なのかという点です。

ＭＭＴによると、インフレをコントロールするための財政政策は主として２つにあります。１つは増えすぎた準備預金を吸い上げる国債の発行と、国民の税負担を操作することでインフレ率を上下させるというものです。

しかし、現実的に景気の変動に応じてこれら財政政策を機動的に発動するのはかなり難しいでしょう。たとえば、財政政策のためには予算を国会で通す必要がありますが、補正予算でさえそれほど迅速に策定できるわけではありませんし、そもそも財政政策の効果が出るまでにはある程度の時間がかかります。

つまり、財政政策によってインフレ率をコントロールできるといっても、予算を出すのも難しければ引き締めるのはもっと難しいです。特に予算（財政）を「引き締める」政策は、増税や歳出の削減です。政治家にとってはありがたくないものばかりです。政治家は常に選挙を意識していますから、国民、特に自分の選挙区民に痛みを強いるような政策はできればやりたくありません。そんな政治家が「インフレの兆しがあるのですぐに財政を締めないと」と言われてはたして迅速に動くことができるのでしょうか。

MMTに対して起こる批判の一つも、この点に関するものです。たとえば、財政の健全化を叫ぶ人たちはこう批判します。

「インフレを抑えるためには、財政支出の削減や増税が必要になる。しかし、歳出削減や増税は、国民に痛みを強いることになるので、多くの国民が反対する。選挙で勝つことしか頭にない政治家がはたして国民の反対が多い歳出削減や増税を決断できるのだろうか」

政治家みんながポピュリズムに陥っているとは思いませんが、確かにMMT的な「金融政策ではなく財政政策によってインフレの過熱を抑える」という考え方が広まっていない段階では、たとえ「インフレの予兆」があり、「これは財政を締めなければ」と政府が考えたとしても時間もかかるでしょうし、たとえ実行に移したとしても、期待通り計算通りの結果が出るとは限りません。

つまり、景気が過熱してインフレになった時に、政治がポピュリズムに陥って拡張財政をやめることができないというリスクがある以上、「インフレ目標実現」を使命とする中央銀行が、政治の思惑に大きく左右されずに機動的に金融政策を行うことができるという仕組みを維持しておくことは、インフレの行き過ぎを抑制するうえでやはり必要なことです。

「インフレ目標」は、１９３０年代にスウェーデンではじめて導入されました。その後、しばらく導入する国はありませんでしたが、１９９０年代に入ってニュージーランドが導入したのをきっかけに追随する国が相次ぎ、今では主要国だけでも20ヵ国以上（拙著「図解90分でわかる！日本で一番やさしい「アベノミクス」超入門Ｐ72）で導入されています。

そしてアベノミクスでも、物価を上げるための目標として「２％」というインフレ目標を設定しています。元々、インフレ目標は物価が上がり過ぎないように抑制する目的で使われていました。つまり、事前に決められたインフレ率が近付いてきたら金融を引き締めることを決めておくわけですが、こうしたことが政府の思惑や、政治家の思惑に左右されることなく、言わば独立した組織として中央銀行が金融政策を行うからこそ機動的な対応が可能になるのです。

一方、ＭＭＴはこうした中央銀行による金融政策よりは財政政策を重視します。そのため、インフレの兆しに対しても財政政策によって対応することになるだけに金融政策のような中立的かつ機動的な動きは期待できませんから、財政政策をよほど素早く実行しない限りは過熱へと向かうインフレを抑止するのは難しいのではないでしょうか。ＭＭＴを日本で実現するとしたら、この点が最も懸念されるところです。

さらに現実に実行できる国があるのかというと、ＭＭＴの念頭にある国の一つであるアメリカの場合は、既に完全雇用状態に近い（失業率も50年ぶりの低水準）にあり、グラフのように日本やヨーロッパに比べてインフレ安定に成功しているため、アメリカはＭＭＴが唱えるほど大規模な財政政策の必要性は低いと言えます。

だとすると、仮にアメリカで実行したとしてももしインフレ抑制が機能しなければ、かえって経済が過熱して金利上昇やインフレが進み、グローバル資本主義の混乱を招く可能性の方が高いと言えます。

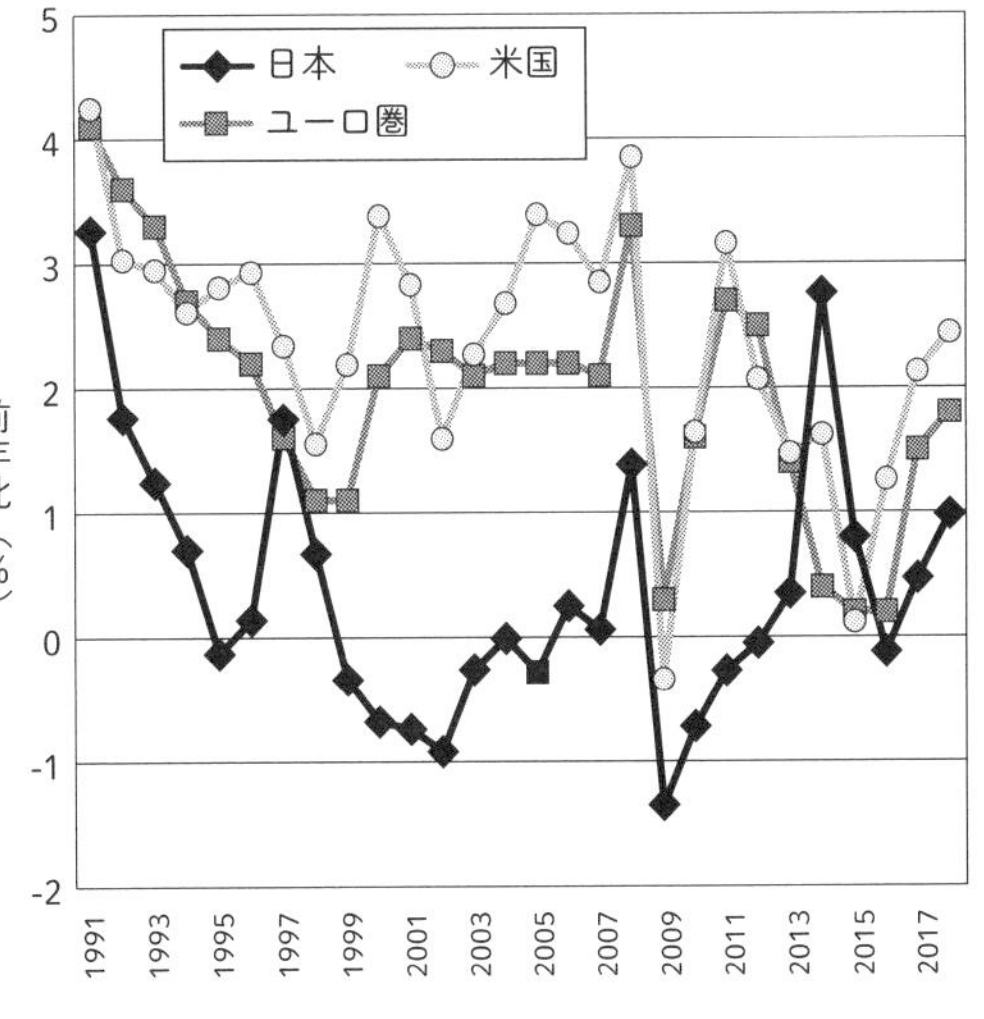

さらに、日本はアメリカと違ってインフレの懸念は今のところありませんが、世界で誰もやっ

図10　日米欧の消費者物価インフレ率
（データ出所：IMF）

ていないことをやれる国ではないということを考えると、今のところ現実的にＭＭＴをやる国はないのではないかと考えます。もちろんやる国がないからといって、今日の世界の経済状況を見るとＭＭＴを無視することはできないのもまた確かです。

(2) 日本メディアの表層的評価

ＭＭＴに対する日本と欧米の評価は大きく異なっています。

欧米では主流派経済学者も財政政策そのものには賛同しています。経済が停滞し、低インフレが長期に渡っている現状を打破するためには金融政策よりも財政政策が必要だという点ではＭＭＴの主張と何ら変わることはありません。

ただし、その論拠としてはＭＭＴに依存せずとも、ケインズ以来の標準的な経済理論で拡張的財政政策（政府の支出拡大による財政政策）の有効性を説明できるというのが世界のメインストリームです。

一方、日本ではＭＭＴは「異端の理論」であり、ポピュリズム蔓延に伴う危うい政策を提唱する危険な考え方として厳しい批判にさらされています。しかしこれまで見てきたように、海外の主流派の主張は、たとえば流動性の罠に陥っている時や、不完全雇用といった条件に限っては、共に金融政策だけではなく財政政策も重視しています。

もちろん、その根拠に関しての主張が違うため、主流派とMMTは共通する部分もありながらお互いがお互いを批判するという面もありますが、ある条件下の財政政策を重視するという点では完全に一致しています。

一方、MMTの主張を真っ向から退けようとしているのが、日本の主流派である緊縮派の人たちです。そこで言われているのは、「ひとたび政府と中央銀行が一つにまとまって財政ファイナンスを進め始めると、出口戦略の策定が難しく、必要とされる財政引き締めが機動的にできないだろう」ということであり、その結果として人々の生活は危険にさらされ、国家の危機を招きかねないという主張です。

そのため、MMTのような制限のない財政政策はせず、財政の均衡を何より大切にしなければならないというのが緊縮派の考えです。これなどは、MMTに対する偏った見方と言えます。

日本の緊縮派の対極にいるのが、アメリカの民主党左派です。アメリカ民主党左派は、グリーンニューディール（地球温暖化対策）や国民皆医療保険や教育保障といった大型歳出拡大の財源としてMMTを提唱していますが、これらの政策の特徴は「インフレが加速したら全部やめます」とはいきません。

ケインズ経済学の財政支出は、あくまでも短期的需要調整を目的とした一時的な支出で、完全雇用になったらやめることが前提です。不景気の時には財政出動を行い、景気が回復したら財政の均衡を図っていくというのが現在の主流派の考え方ですが、アメリカ民主党左派の考え方は、自分たちの政策に必要な財源を捻出するためにＭＭＴを利用しているようにみえます。

その意味では、アメリカの民主党左派はＭＭＴの都合のいいところだけを切り取って主張し、ＭＭＴを批判する人は逆に悪い所だけを取り出して批判しているのではないでしょうか。

そこにあるのは、第３章で説明したリカーディアン的な財政均衡への固執であり、それはノーベル経済学賞を受賞したクリストファー・シムズプリンストン大学教授の言う「ハイパーリカーディアン」に近いものがあります。その意味では、ＭＭＴを「異端」「暴論」として切り捨てるのではなく、ＭＭＴを正しく理解して、そこに含まれている財政政策に対する考え方を選択肢の一つとして再考することこそが浜田宏一内閣参与が指摘するように「ＭＭＴは日本の過度な緊縮財政への呪縛を解く解毒剤的な役割」を果たすのではないでしょうか。

(3)　ＭＭＴと政治メカニズムの問題

ＭＭＴを批判する人たちが口にするのは「ＭＭＴを実行した結果、インフレになったとしても政治家たちは自分の選挙のことを懸念して増税や財政を締めることに容易に賛成しないので、対策が遅れインフレが過熱することになる」というものです。

そもそも、なぜ政治家たちはポピュリズム（大衆迎合主義）に走るのでしょうか？

一つは、増税で賄うと国民の反対が強くて実行できない政策も、財政赤字で賄えば国会も通りやすく国民の反対を受けることもないという点です。

その意味では、公共事業などを推進したい政治家にとっては、ＭＭＴ的な「財政赤字を気にせず財政出動を」はありがたい理論と言えなくもありませんが、かつての日本がそうであったように、あまりに「どんどんつくれ」とやってしまうと、結局はムダな箱モノばかりが溢れ、資源配分がゆがむ恐れがあるのも事実です。

結果、ムダな箱モノと借金だけが増えて将来の生産力が低下する可能性もはらんでいます。もちろん財政の締め過ぎはダメですが、支出に関しては「賢い支出」が最も大切です。

そして、その判断を政治家たちが誤ると、せっかくの財政支出も「経済の安定的成長と完全雇用の実現」からはずれ、負の遺産をのこすことになりかねません。政治家が自分の選挙と支持者のことだけを考えることはとても危険なことなのです。

ＭＭＴは、景気過熱や高インフレが懸念されれば、増税によって抑え込めると主張しています。しかし、既に触れたように増税政策は国民に不人気であり、政治家にとってもできれば避けて通りたい課題です。

そのため、合意を形成するにはある程度の時間がかかりますし、場合によっては「できない」かもしれません。しかし、機動的で十分な増税ができなければインフレが進み、人々の生活を圧迫してしまいます。

このように、はたしてＭＭＴは日本で実現できるのかというと「かなり難しい」と言わざるを得ません。しかし、実は国会の場では「日本は既にＭＭＴを実施している」という議論が行われたことがあります。

「日本は既にＭＭＴを実施している」の論拠は、日銀が異次元緩和で大量の国債を市中から買い上げているためというものでしたが、そこの解釈については誤解があるようです。理由は日銀の当座預金が増加したままでＭＭＴの言う貨幣化まで至っていないからです。

銀行の貸し出しが増えて、マネーストック（民間の金融機関が社会に供給している資金量のこと）が増えるというのがＭＭＴの主張する貨幣化ですが、民間にお金が回っていません。たしかにマネタリーベース（世の中に存在するお金の量のこと。マネタリーベース＝日本銀行券発行高＋貨幣流通量＋日銀当座預金）は日銀による異次元緩和以降、大幅に増えていますが、マネーストックはそこまで増えていません。

民間に出回るお金が増えてこそ経済活動は活発になり、景気も向上します。それができていな

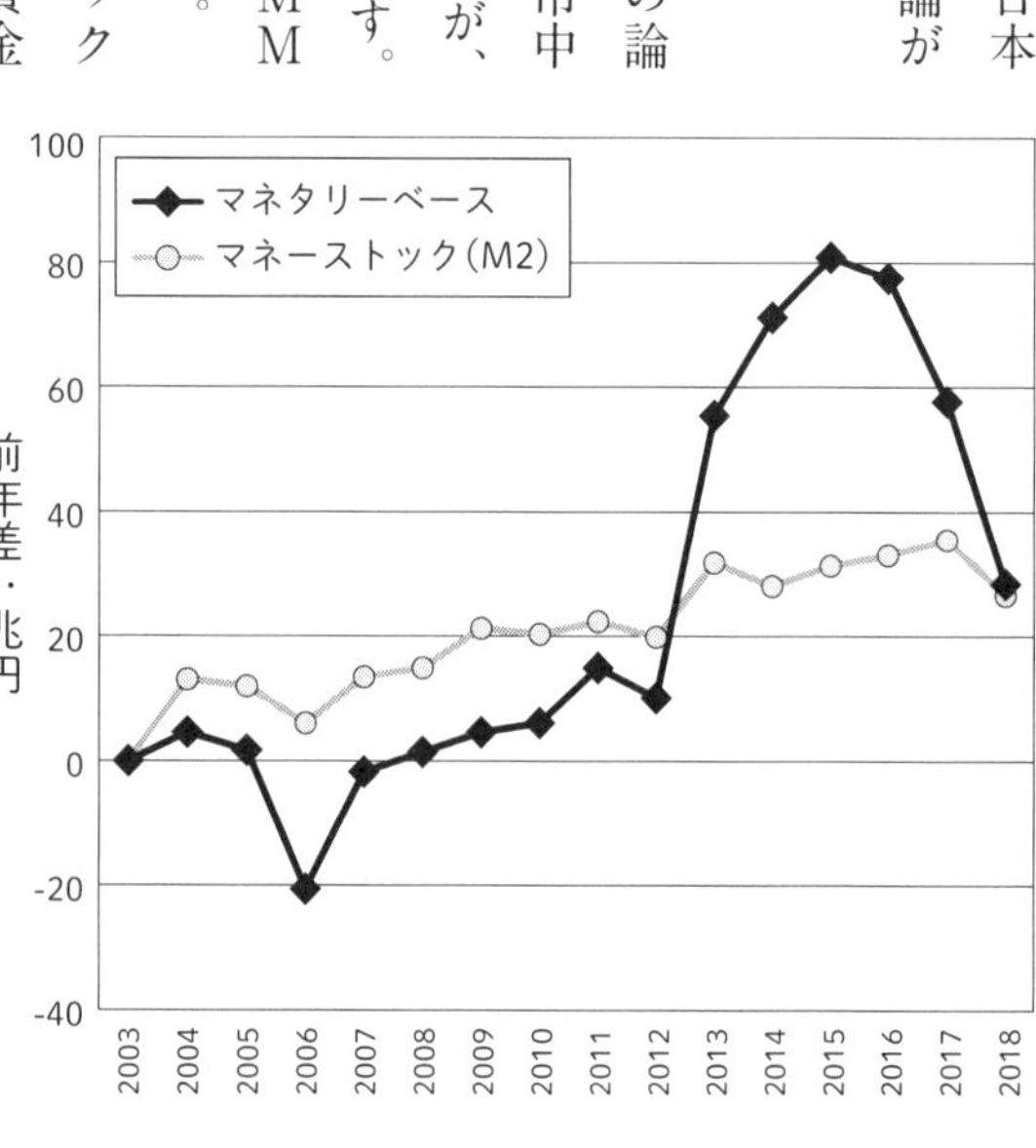

図11　日本のマネタリーベースとマネーストック
（データ出所：日銀）

い以上、日本の現状は「MMTに似ている」とする向きもありますが、「MMTをやっている」とはなりません。

確かに、日本は巨額の財政赤字にもかかわらずインフレにはなっていませんが、公的債務が増加する中、日銀による大規模国債買い入れや10年国債利回りを±0・2％にコントロールする政策がたまたまMMTの政策提案に重なって見えるだけで、日本の政策はMMTではありません。日本の主流派である緊縮派にとって、MMTは絶対にやってはいけない経済運営となっています。

⑷　日本はMMTをやってはいないという理由

日本の現状が「MMTに似ている」けれども、「MMTをやっていない」と言える理由はほかにもあります。

MMTによれば、中央銀行は政府に従属する存在であり、議会や財務省の意思に従ってその職責を果たすこととなっていますが、日本で行われている政府による機動的財政政策と、日銀による大規模金融緩和のポリシーミックスは、MMTの想定する中銀が政府に従属する政策レジームとはなっていません。

ポリシーミックスとは、政策目標を達成するために、いくつかの政策を組み合わせて同時期に実施することです。日本のアベノミクスは、確かに安倍首相が3本の矢（大胆な金融政策、機動的な財政政策、民間投資を喚起する成長戦略）という言葉を使って経済再生のための方針を示したものですが、現行の日銀法では量的緩和の量も内容も決めるのは日銀であり、いくら総理大臣でも日銀の意向を強引に変えることはできません。

しかし、安倍政権が誕生したあとの2013年3月に日銀の正副総裁が交代、安倍首相が提唱するリフレ政策を支持していることで知られていた黒田東彦氏が総裁に就任したことでそれまでの日銀の消極政策が一掃され、現在行われているような大胆な政策を打ち出すことができました。

つまり、アベノミクスで行われた大胆な金融政策と機動的な財政政策はたしかにポリシーミックスですが、MMTの想定する政府に中央銀行が従属する形のものではなく、政府と日銀のトップの考え方が一致したことによって実現したものと言う方が正しいのです。

さらに、日本がMMTをやっていないと言える一番大きな理由は、日本政府が財政をいくらでも出せるとは考えていないことです。日本政府は中長期的な財政再建の目標を表明しています。

従来は2020年度としていた国と地方の基礎的財政収支（プライマリーバランス）の黒字化の時期を2025年度に変更するなど、識者からは「一体、政府は財政健全化に本気で取り組むつもりなのか？」と指摘されることもありますが、こうした目標を決して取り下げようとしない1点だけを見ても、財政をいくらでも出せるとは考えていないことが分かります。

そもそもMMTにとって、税金は喫煙や環境汚染といった「悪」に課すものであり、消費税や所得税、法人税などはなくすべきという主張をしています。財源を確保するための税徴収は不要というのがMMTの考え方ですが、日本は法人税を下げる一方で社会保険料の引き上げを行っていますし、年金のマクロスライドも採用しています。

何よりMMTが廃止すべきと考えている消費税を、安倍政権下では２０１４年４月に５％から８％へ、そして２度の延長を経て２０１９年10月に８％から10％へと都合２回の引き上げを行っています。

もし日本がMMTをやっているのなら、そもそも消費税の引き上げなど必要ありませんし、「財源」のことなど気にすることなく財政出動を行うことができるはずですが、民主党政権の時もそうであったように、日本ではいつも「財源はどうするんだ？」という議論が行われます。

この点だけを見ても、日本がMMTをやっておらず、むしろMMT的な考え方からかなり遠いところにいることがよく分かります。

さらに付け加えれば、「２％のインフレ目標」に関しては政府と日銀が合意していますが、大

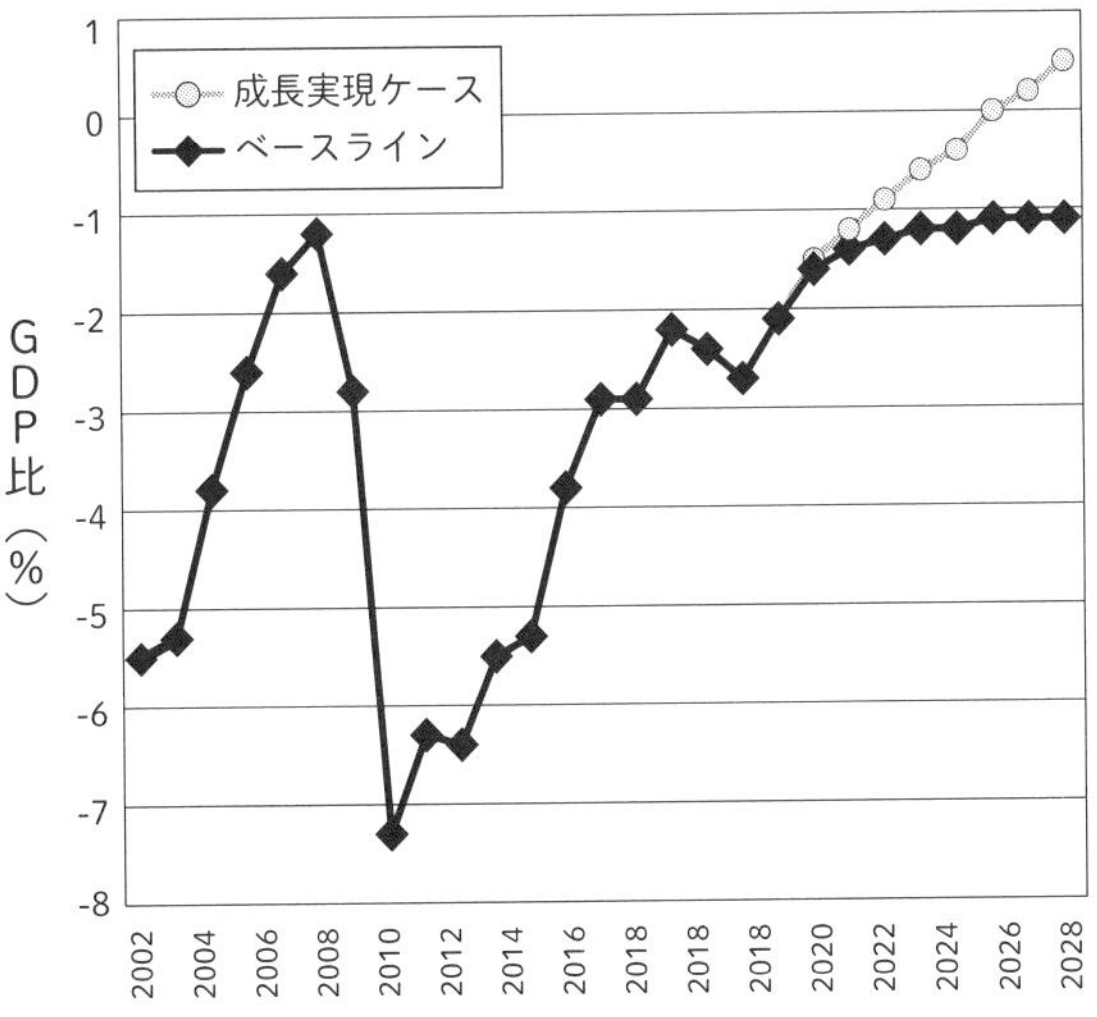

図12　プライマリーバランスの政府見通し
（データ出所：内閣府（2019年（7月時点））)

規模な国債買い入れやイールドカーブコントロールは日銀独自の判断で実施しており、ここでも日銀が政府に従属する存在ではないことが分かります。

このように、日本ではＭＭＴをやっていないし、財務省などが批判的な立場にあることもよく分かりますが、ＭＭＴについて考えることは、「財政政策は赤字を増やすのでダメ」という考え方に対して、「赤字を気にせずもっと財政は出していい」という財政政策の選択肢の幅を広げるという意味では意義のあることではないでしょうか。

実際、第3章でも見てきたように、海外の主流派経済学者の間でも財政赤字や公的債務の必要性が見直され始めているというのも事実です。

その背景には「安全資産である国債利回り＞名目経済成長率」といったこれまでの理論的な経済前提が近年変化してきているという事情があります。仮に「国債利回り＜名目経済成長率」の状況が持続すれば、「公的債務／ＧＤＰ」の発散が抑えられ、財政政策の余地が広がることになります。

これらは不完全雇用の状態が長く続いたことによる変化と言えますが、そのきっかけとなったのが、アメリカの財務長官などを務めたローレンス・サマーズ氏の「長期停滞論」でした。以下、２０１３年から２０１５年にかけて、アメリカで展開された経済学上の論争「長期停滞論争」を紹介します。

4-2 サマーズの「長期停滞論」

(1) 2013年11月IMF会議発言に始まる

『景気の回復が感じられないのはなぜか　長期停滞論争』（世界思想社）の翻訳者・山形浩生氏によると、「長期停滞論」とは、まさに「景気の停滞が長く続くこと」で、元々の議論は、世界恐慌後に景気の回復が遅れた1930年代のアメリカ経済についての仮説として言われたものです。

そして、現在の状況がその頃と似ているのではないかというのがサマーズの問題提起であり、それに対して元FRB議長のベン・バーナンキ氏が反論、論争を繰り広げたのが「長期停滞論争」であり、そこに他の経済学者も加わったことで一大論争となっています。

2013年11月、サマーズはIMFでの講演でこのような問題提起を行いました。

2008年のリーマンショックが起きた時のGDPや鉱工業生産、雇用でも世界貿易でも株式市場でも、1929年の世界恐慌よりひどいと思われたのに、2009年にはパニックはおさまり、金融状況は正常化、結果的に世界恐慌の時とはかなり違う結果に収まったようにみえます。

しかし、リーマンショックから5年が経過しても、経済回復はあまりに遅く、さまざまな指標はほぼそのまま、実質金利マイナスなのに実際のＧＤＰは潜在ＧＤＰを大きく下回ったままで、潜在ＧＤＰを回復するだけの急成長はまったく見られず、雇用環境も悪く、失業も高止まりしたままで雇用者所得の回復も乏しく、それを埋めるだけの需要が回復していない、という問題提起です。

さらに、こうした金融危機以後の「嘆かわしい経済パフォーマンス」は、アメリカに限ったものではなく、日本やヨーロッパはもっと悲惨で、日本の２０１３年現在の実質ＧＤＰは、アメリカ財務省やＦＲＢ、世界銀行やＩＭＦが１９９３年に予測した半分の水準でしかないとサマーズは指摘しています。

これでは、アメリカ経済や先進国の経済がリーマンショック以前の状態に戻るのは至難の業と言えるわけですが、その理由をサマーズは「元々それ以前から総需要は不足していて、完全雇用を実現できていなかった」と考えています。

サマーズによると、２００８年以前の経済について調べたところ、一般的にはサブプライムローンに伴うバブルが起こって景気が過熱し、リーマン・ブラザーズの破綻によって世界金融危機が起こったと理解されていますが、よくよく調べると、その時期にインフレはそこまで加速しておらず、金利も上昇していなかったというのがサマーズの見方です。つまり、当時も需要はそこまで高まっておらず、景気も過熱していなかったのです。

背景にあるのは、先進国経済の過剰な設備・貯蓄超過・労働力を活用する投資機会不足や人口成長率鈍化による潜在成長率低下で均衡実質金利がマイナスに低下し、潜在力を下回る水準の成長や生産、雇用、金利が長期併存の恐れという非常にまずい状況です。

だとしたら、「これまで行われてきた金融政策よりも少ないことをやろうとする金融政策、これまでの財政政策よりも少ないことしかしない財政政策については懸念せざるを得ない」というのがサマーズの危機意識でした。

またサマーズは２０１４年４月の新聞論説では、自身の問題提起に対する処方箋を次のように提案しています。

1　潜在成長率引き上げで均衡実質金利プラス↓供給過剰でデフレ圧力を強める恐れ。
2　強力金融緩和で実質金利引き下げ↓そもそも流動性の罠では難しいが、バブルのリスクもある。
3　直接需要引き上げ↓**最も有望**。老朽化したインフラ更新・補修や環境規制強化に伴う民間投資拡大や環境への好影響期待。石炭火力発電の規制による新しいエネルギー開発。

サマーズによると、需要不足で金利が低く、民間が投資をしないなら、今こそ公共投資の出番となります。「ヒステリシス」という考え方があります。「ある物体に力を加えた時、その力を元に戻してもその物体が完全に元の状態には戻らない」ことですが、サマーズはこれと同じことが経済でも起こり、不況の原因となった各種の要因がなくなっても、目先の需要がなければ、民間も公共も需要に合わせた投資しかしないため、不況は続く。さらに経済そのものの規模が縮小して、本当に将来の経済が縮小してしまうと主張します。

では、それを解決するためにどうするべきかというと、それが3の大規模な財政出動による直接需要の引き上げです。例として挙げたのが、老朽化の進むインフラの全国規模の更新計画です。インフラ強化に投資すると、支出するものはすべてアメリカに留まり、いったん設置されたら、インフラの便益はすべてアメリカ人に裨益（ひえき）します。

さらにインフラ投資は、新たに借金をしていったとしても、長期的な債務ＧＤＰ比率引き下げに貢献し、それが経済成長を促進し、長期的な生産能力を増やし、将来世代の負担を減らすと考えています。

(2) 日本は完全雇用ではない可能性

ここでサマーズが指摘したＧＤＰギャップ（潜在ＧＤＰと実質ＧＤＰの乖離を示すもの）について触れておきます。ＧＤＰギャップは計算の仕方で変わりますが、私はＩＭＦの数字が最も正しいのではと思っています。

それによると、サマーズが講演を行った２０１３年はアメリカもたしかにマイナスでしたが、今はアメリカではあまり言われなくなってきました。今はプラスに転じていますし、「長期停滞論」から脱してきたのではないかと見ています。

反対に長期停滞論はむしろ日本に当てはまっているように思います。日銀や内閣府は日本のＧＤＰギャップをプラスで見ていますが、ＩＭＦの数字はマイナスです。もし本当にプラスなら物価も賃金ももっと上がってしかるべきですし、金利ももっと上がるはずです。しかし、賃金も期待ほど伸びていません。そうした状況は、サマーズの言う長期停滞論の実態とぴったり合っていると言うことができます。

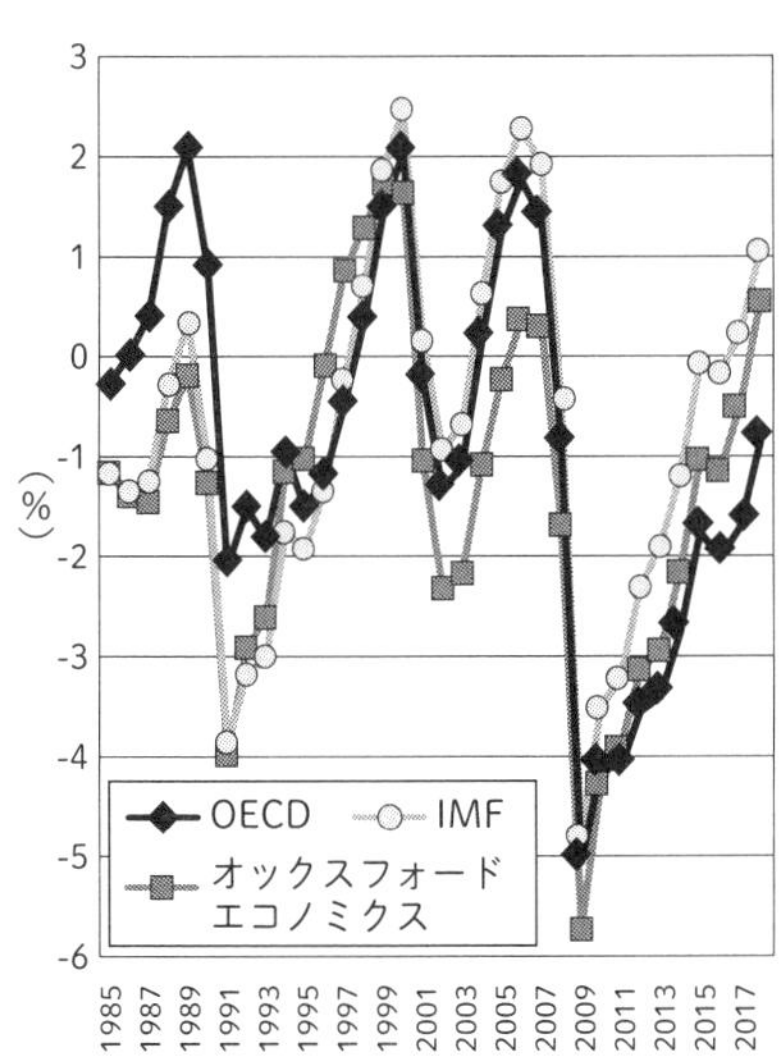

図13　米国のGDPギャップ
（データ出所：ＯＥＣＤ、ＩＭＦ、オックスフォードエコノミクス）

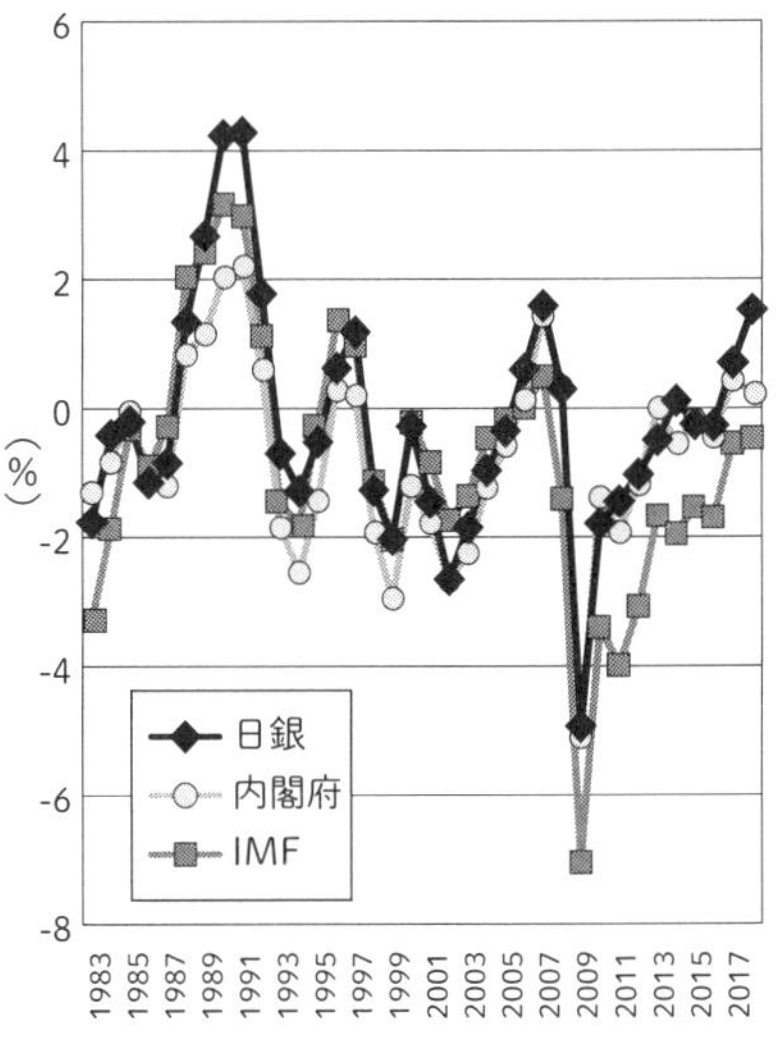

図14　日本のGDPギャップ
（データ出所：日銀、内閣府、ＩＭＦ）

4-3 バーナンキの「長期停滞論と日本」

(1) 2017年5月の日銀講演

サマーズの主張は話題になり、賛成する人もいれば反対する人もいて、百家争鳴の状態となりましたが、２０１５年になり反対を表明したのがバーナンキです。

バーナンキは、リーマンショックに際して危機に陥った金融市場の回復のために奮闘した人物です。それだけに危機を回避したあとも経済が期待ほどには回復せず、長期停滞に陥っているというサマーズの指摘には我慢がならなかったのかもしれません。

バーナンキの反論ポイントはいくつかあります。

① 先進国の国債利回りが０かマイナスという異常な低金利にあることは認めつつも、それは中央銀行が低く抑えているからではなく、市場メカニズムの中で決まったものである。

② サマーズの主張する需要不足・投資不足ではなく、世界的な過剰貯蓄になりお金がやたら積み上がっているために金利が一向に上がらないだけで、お金を抱え込んでいる中国などの対応が変わればアメリカの輸出も増え、景気は回復し、金利は上がり、問題は解決する。

これはまさに「不景気は一時的な現象であり、長期的には解消されて景気は回復する」という

「循環派」の考え方であり、サマーズの長期停滞も「一時的な現象」と断じたものでした。

このバーナンキの反論に対して、サマーズは「ゼロ金利は一時的というけれども、現実には見られるし、長く続いている」「外国への投資機会が増えればアメリカの景気は回復するというけれどもヨーロッパも日本も低成長とゼロ金利に苦しんでおり、実は長期停滞は世界規模で起きているのでは」と反論し、バーナンキの「貯蓄過剰」と「長期停滞」は実は同じことではないかと主張しました。

このように、サマーズの「長期停滞論」に当初は反論していたバーナンキですが、2017年5月に日銀で行った講演では、次のように発言しています。

「サマーズの長期停滞論と自分の過剰貯蓄論は相いれないものではなく、むしろ両立するものであり、その長期停滞論が当てはまるのが日本で、日本は大規模な財政政策を実施すべき」

そのうえで、日銀は将来的に通常の金融政策に戻すためにも2％のインフレ目標の堅持が重要だと指摘しています。たしかに世の中には「2％だといくら言っても、2％実現できないから無理な目標は掲げない方がいい」と言う専門家もいますが、他国が2％の目標を掲げる時、日本だけ1％の目標だとインフレ期待が低下して円高になってしまいます。だから、2％という目標は何度延期してでも外せないし、はずしてはいけないというのがバーナンキの主張であり、この点は私も同意見です。

さらにバーナンキは、アベノミクスもそれなりの成果を上げつつも、2％のインフレ目標にはほど遠いとも指摘しています。その理由は金利水準がマイナスになっており、「長期停滞条件」にぴったり合致しているからです。「マーケットは期待で動く」ので、インフレ期待に働きかけて異次元緩和をやることで極端な円高・株安の是正などかなりの効果は出たものの、さすがに財政が足をひっぱる中では効果は相殺されている。つまり、金利政策の効果はあったものの、やはりそれだけでは力不足で、日本は実質金利を下げるのも限界に近いところまで来ていると考えているようです。

だとすると、インフレ期待を上げるには足元のインフレを上げるしかなく、そのためには政府の賃上げ要請や金融・財政政策の連携が重要になってきます。そして、日銀は金利のコントロールで支えながら、政府が歳出拡大と減税を行い、大幅な財政出動でアベノミクス第3の矢でもある成長戦略も進めるべきであり、これをやらないと再びデフレに逆戻りすることになると警鐘を鳴らしました。

このように、バーナンキの日本に対する見方はまさにサマーズの指摘した「長期停滞」であり、それに対する処方箋もサマーズが提案していた大規模な財政出動です。確かに先ほど見たように、日本が長期停滞に陥っており、かつ完全雇用でないとすれば、大規模な財政出動なしには経済の正常化は難しいと言わざるを得ません。

(2) 日本は過剰貯蓄で流動性の罠

世界経済に力強さがなく、「金利は世界的に長期も短期も異例なほど低い」という点ではサマーズもバーナンキも同様の認識でしたが、その原因を巡ってサマーズは「長期停滞論」を主張し、バーナンキは「世界的過剰貯蓄」を主張しました。

なぜこの違いが大切かというと、もし長期停滞が低成長と低金利の理由だとすれば、サマーズが言うように「拡張的な財政政策が有益」となるのに対し、バーナンキの言う世界的過剰貯蓄が原因だとすれば、「正しい対応は過剰貯蓄を生み出す各種の政策を逆転させることだ」となるからです。

そこで、参考までに日米の貯蓄投資差額を見ていくことにします。グラフからも分かるように、アメリカは投資超過でお金が余っていない状態なのに対し、日本は明らかに貯蓄過剰です。政府の赤字という点ではアメリカも日本も一緒ですが、アメリカの家計の貯蓄は増えています。景気が回復して富裕層を中心に収入も増えているので、それが貯蓄の増加につながっていますが、日本は不況や増税で家計の収入が伸びにくいため、米国ほど貯蓄は増えていません。そもそもこまで貯め込むほどのお金もありませんし、貯蓄を切り崩しながら生活している高齢者もいます。

では、日本がなぜ貯蓄超過なのかというと、日本の場合は企業が貯蓄超過になっているからです。本来、企業は投資超過主体なのですが、それができないままに貯蓄が積み上がっています。一方のアメリカは、一時的にバーナンキが指摘したように貯蓄超過になっていましたが、今は解消して「貯蓄よりも積極的に投資を行う」という正常に近い活動を行っています。

それに対して、日本は家計の貯蓄が伸びにくいのに対し、企業は投資に消極的です。そしてこれだけお金が積み上がると、当然金利は低くならざるを得ませんから、金利がマイナスとなり、流動性の罠に陥ることになります。

その意味では、アメリカは長期停滞を脱していますが、日本は今も長期停滞状態に入っていると言うことができます。

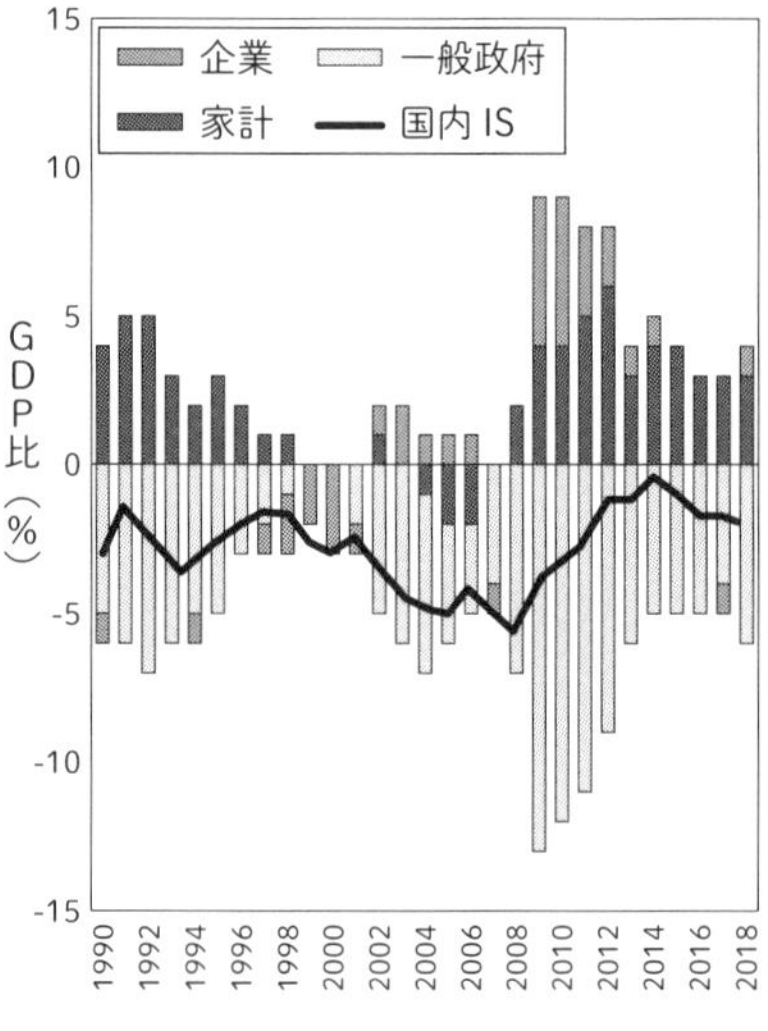

図15　米国の貯蓄投資差額
（データ出所：FRB）

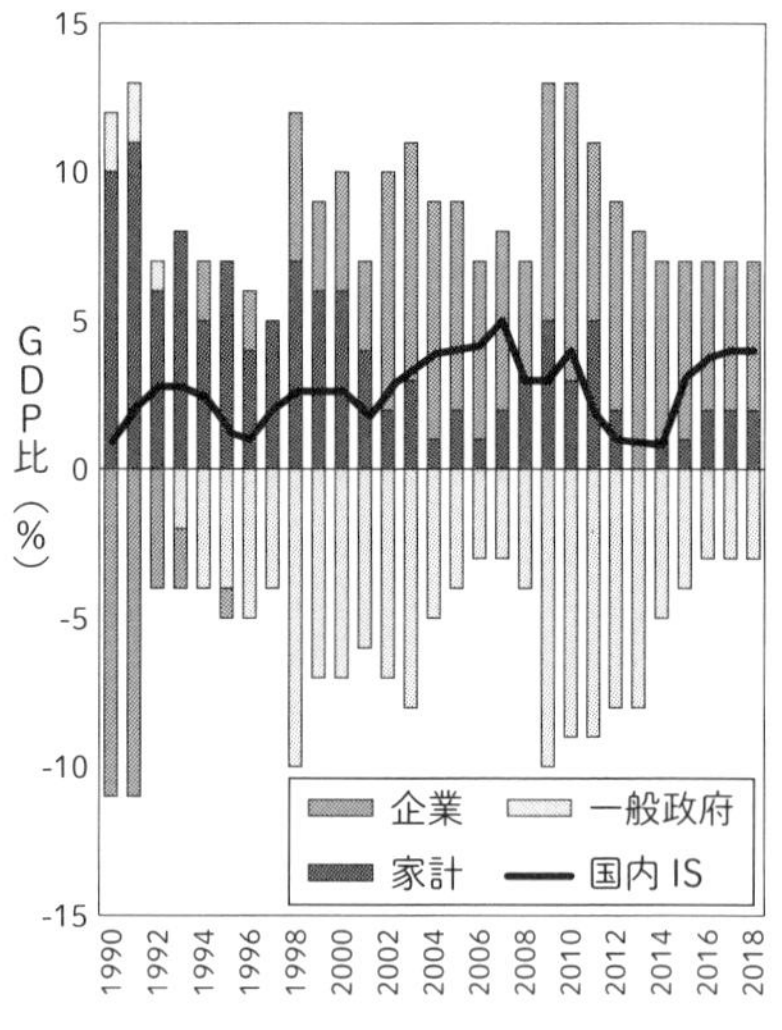

図16　日本の貯蓄投資差額
（データ出所：日銀）

4-4 低金利時代の財政赤字再解釈

(1) 主流派大物の波紋を呼ぶ講演

２０１７年5月にバーナンキが日銀で行った講演は、日本が陥っている長期停滞をいかにしたら脱することができるのかについて処方箋を提示するものでしたが、同様の提案は元ＩＭＦチーフエコノミストとして知られるオリヴィエ・ブランシャールも行っています。

ブランシャールは、日本政府が消費税率を８％から10％に引き上げることに反対の立場を取り続けていました。理由は日本の経済状況からすると、たとえしばらくの間、公的債務残高のＧＤＰ比率を下げられないにしても、巨額の財政赤字を維持することは十分に正当化できるというのがブランシャールの主張です。

その根拠はこうです。

日本は「長期停滞」に陥っており、国内の民間需要が極めて弱いため、財政政策でテコ入れをしない限り完全雇用を実現することは難しい。そしてこの状況はしばらく変わらない。

たしかに金融政策は、量的緩和からマイナス金利までかなり手を打ったものの、さらに需要を刺激するために、財政政策を動員するのは経済理論的にも理に叶っています。その理由は、金利水準は将来に渡って極めて低いと見込まれるため、公的債務の財政・経済コストは小さくて済む一方で、財政出動による経済刺激効果は極めて大きいと期待できるからです。従来の経済理論では「国債金利＞名目成長率」、つまり国債金利が名目成長率を上回ることが前提となっていました。この場合には債務の膨張を防ぐためには、プライマリーバランスの赤字を将来の黒字で埋め合わせることが求められ、黒字を捻出するためには、増税か歳出削減が必要と考えられていました。

もし、財政赤字をそのままにしておくと金利が上がって、国債などの利払い費が増えるからです。

しかし、「国債金利＜名目成長率」、つまり国債金利が名目成長率を下回る場合、

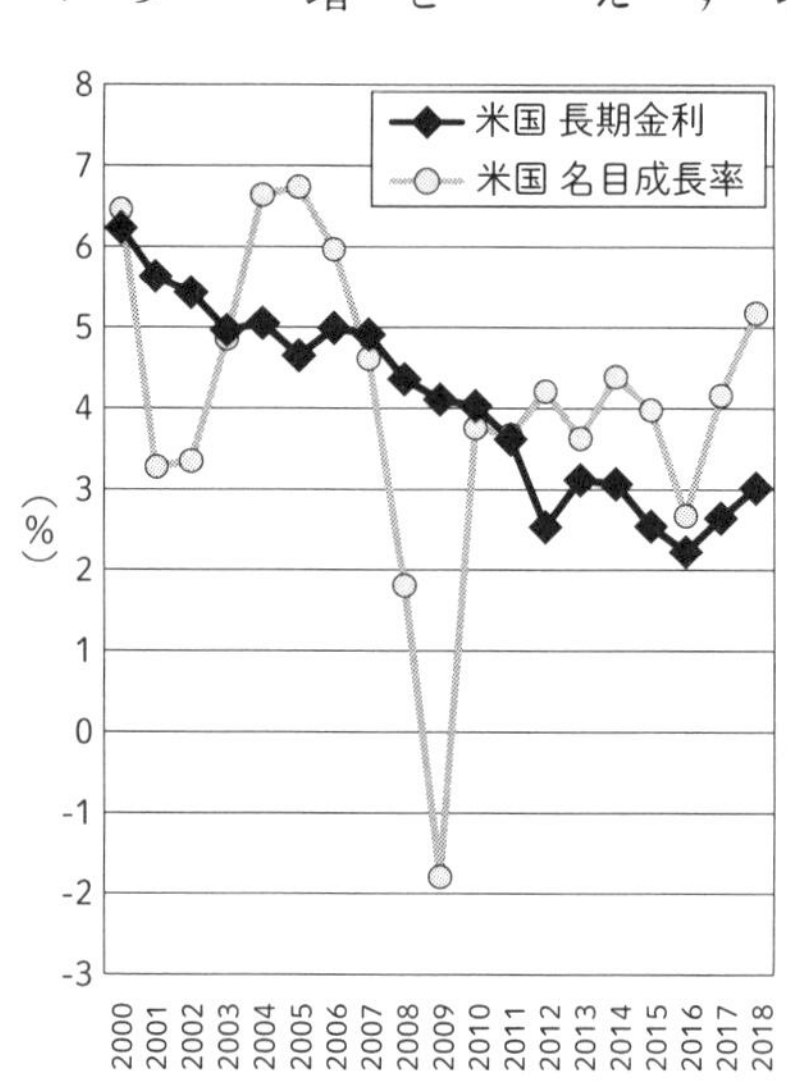

図17　米国の名目成長率と長期金利
（データ出所：米商務省、ＦＲＢ）

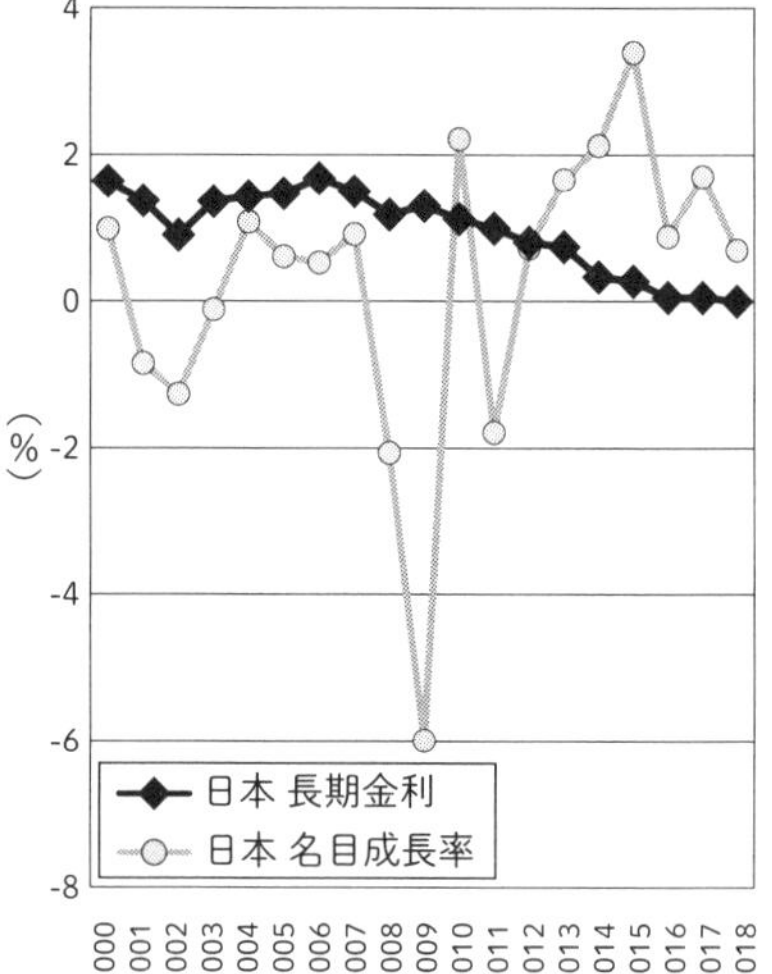

図18　日本の名目成長率と長期金利
（データ出所：内閣府、日本相互証券）

この結論は当てはまらなくなります。

低金利時代の財政赤字や債務蓄積コストはとても小さいので、「名目成長率＞国債金利」なら、増税や歳出削減をしなくても「債務残高／ＧＤＰ」は低下します。

実際、アメリカでは「経済成長率＞国債金利」が続いており、この状態ではこれまで言われていたほど財政赤字コストは存在しない可能性があります。

たしかに完全雇用になり、金利が上昇すればコストになりますが、日本はＰＢ（プライマリーバランス）が赤字でも「債務残高／ＧＤＰ」は横ばいで金利は歴史的低水準にあります。この場合、財政赤字コストは小さいので、十分な需要と雇用を保つための拡張的財政政策がむしろ必要であり、金融政策が限界に直面する中、財政引き締めは非効率となります。

(2) 日本に必要な政策（2019年5月ブランシャールと田代毅）

ブランシャールは、2019年5月にも現経済産業省通商政策局企画調査室長である田代毅氏と共同で「日本の財政政策の選択肢」というレポートを公表しています。

まずこう問いかけています。

「日本政府はプライマリーバランスの黒字化を目標としてきましたが、その目標は実現していません。現在、プライマリーバランス赤字は2･9％、財政赤字は3･2％であり、純債務残高対GDP比は153％で概ね安定しています。政府は2025年度までにプライマリーバランスの黒字化を実現することを宣言しています。これは正しい目標でしょうか？」

この問いにこう答えています。

「現在の日本経済の見通しのもとでは、長期間に渡ってプライマリーバランス赤字を続けることが必要とされることを我々は主張します」

両氏はこれを「望ましいから」と主張しているわけではありません。高水準の債務にはたしかにリスクが伴うものの、「現在の状況下では、需要を保ち、経済を潜在水準に保つための最善の手段と考えられる」からです。

理由は日本が悪性の「長期停滞」に陥っており、需要不足の解消に向けて、日銀はできることをすべて行ったにもかかわらず、脱出には至っていません。さらなる需要拡大には巨額の赤字と公的債務の拡大が「正しい政策」となるというのが両氏の提言です。

つまり、緊縮財政による需要縮小を金融政策が相殺できない限り、緊縮財政のマイナス効果が債務削減のプラス効果を上回り、低成長・高債務をもたらす可能性があるだけに、慢性的な需要不足で中立金利がマイナスの日本は、財政赤字・債務拡大によって需要を保つことが必要となります。

とはいえ、財政を出動して「何でもやればいい」というわけではありません。

両氏はこう言っています。

「プライマリーバランス赤字は、何に使われるべきであるかという点も重要です。今日の需要と将来の供給の改善を支援し、潜在成長率を高めるために用いられることが最善であることは明らかです」

必要な財政赤字は、生産性を高める分野への投資です。特に人口減少に伴う財政圧迫が将来不安の源泉となっている以上、財政活用による人的資本の蓄積が最も効果的です。

一例としては、出生率の向上です。たとえば、フランスのように保育費用への公的助成、子どもの数が多いほど寛大となる給付・所得税の減免などを行った場合、何が起きるのでしょうか。

グラフを見れば分かるように、たとえば出生率を1・45から1・8に引き上げるためにはGDP比で約1・5％の支出が必要になりますが、30年後には6％、50年後には17％ほどGDPが拡大することになるのです。

つまり、フランスのように育児・家族支援により出生率が高まれば、需要拡大に加え、将来人口や生産性に左右される長期的財政の持続的可能性も改善します。財政出動の必要性という点ではＭＭＴの主張と似てはいますが、将来の生産性を高める分野への投資のために財政赤字は使うべきとしています。

アベノミクスの1年目はたしかに金融と財政を出動しましたが、翌年から金融はともかく財政は引き締めてしまいました。消費税を上げ、公共投資も削減しています。こうした傾向は２０１４年度以降も続いていますが、本来なら教育費の無償化は消費税増税によって賄うのではなく国債で賄うべきだったと私も考えています。

前回の消費増税8兆円のうち3兆円以上は何にも使わず借金の返済に充てられましたが、本来はそれを使って教育の無償化などを行って、完全雇用になってから増税をするべきでした。

アメリカは、ＩＴバブルの崩壊時とリーマンショックの時はさすがに景気後退局面入りしてい

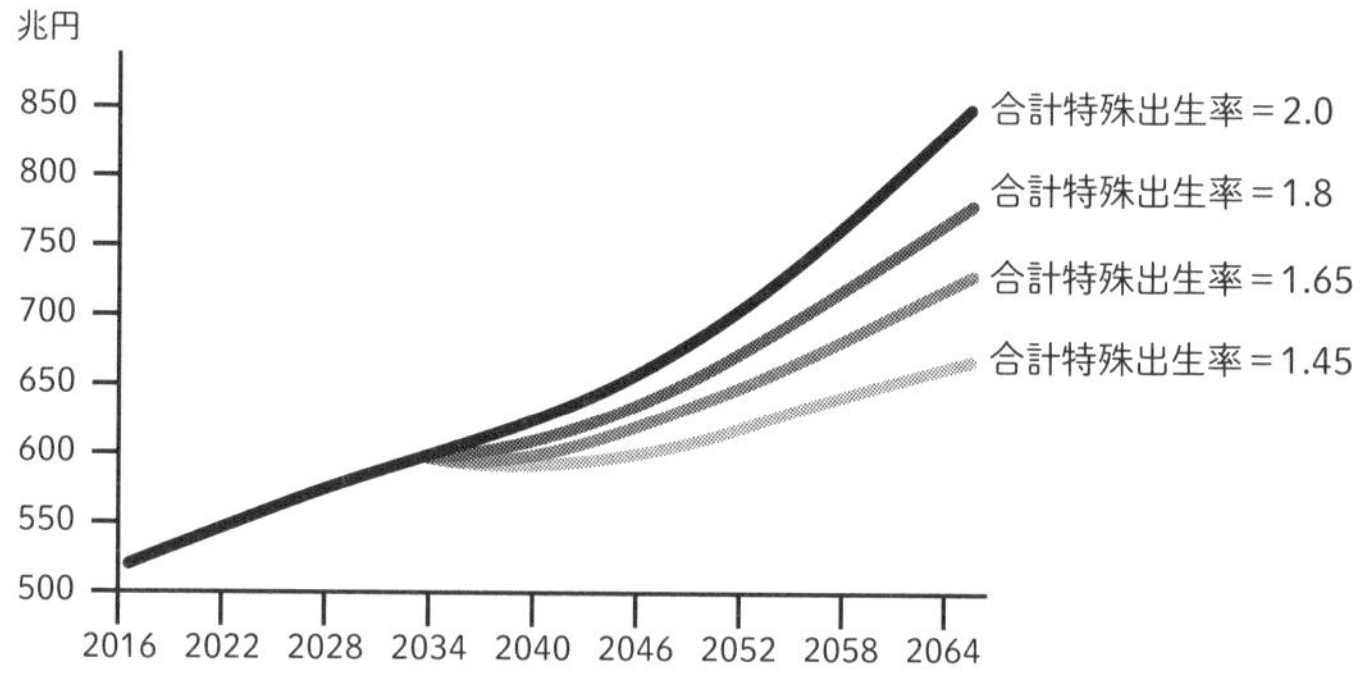

図19　出生率想定ごとの日本の実質GDP（2016年から2066年）
（データ出所：国民経済計算、総務省統計局、国立社会保障、人口問題研究所）

ますが、基本的には名目成長率が金利を上回っています。一方の日本は長くデフレ状態が続いていましたが、アベノミクス以降はデフレではありませんから、バーナンキやブランシャールの提言のように財政出動の余地はあります。

だとすれば、日本の緊縮派が言うような「債務＝悪」ではなく、債務も経済資源の一つと考えていかに成長を促進するためにお金を使うかが重要になってきます。アメリカを中心とする主流派経済学者はその辺をニュートラルに判断できるのですが、残念ながら日本の場合はいまだに「債務＝悪」という考えから抜け切れずにいます。そのため、こうしたさまざまな提言はあるものの、日本はなかなかこの通りの政策に踏み切ることができず、それが長期の低迷につながっています。債務に関しても、「何でもあり」はだめですが、状況に応じて債務を上手に使い分けていくことも経済成長のためには不可欠なのです。

なお、財政支出を増やせば現在の短期債務は、金利上昇で利払い費が急速に拡大するため、政府債務の満期を長期化することも必要になるとブランシャール氏と田代氏は指摘しています。

4-5 ブランシャール&サマーズ「経済学の進化か革命か」

オリヴィエ・ブランシャールとローレンス・サマーズが１年半前にピーターソン研究所の会議で発表した論文などをまとめた「進化か革命か 大不況後のマクロ経済危機を再考する」というタイトルの本が２０１９年５月、ＭＩＴ出版局から刊行されました。

同書の中で２人は「長期停滞が先進国にとって大きな脅威であるとみなしている」として、「マクロ経済政策、特に財政政策を大きく再考すべきであるとの信念を強めている」と強調しています。

論文の中でこの述べています。

「マクロ経済政策は、事前においても事後においてもより積極的になるとともに、金融、財政、金融規制政策のバランスを再調整する必要がある。

低い中立金利は金融政策の対象範囲を狭める一方で、財政政策の対象範囲を広げる。このバランスの再成長を『進化』とする。

しかし、仮に中立金利がさらに低くなり、金融規制が危機を防ぐには不十分であると明らかになった場合には、より大きな財政赤字、金融政策目標の修正、もしくは金融制度に対するより厳しい規制と言ったさらに劇的な処置が必要となる可能性がある。これを『革命』としよう。この革命はいずれ明らかになるだろう」

「革命」というのは、低い中立金利、インフレ目標到達の困難さ、低金利環境における金融の影響が長く続く中で経済安定化の主要手段としての財政政策の再浮上などを指しています。従来の政策判断に大きな変化が生まれつつあることを「革命」と呼んだのです。

本章で紹介したように、たとえば日本に対して2人とも財政政策の必要性を強調してはいますが、ＭＭＴ自体には批判的な立場を貫いています。そこにあるのは、ＭＭＴのような極端なことは言わなくても、今の経済理論の中でも財政出動はできるよ、という主流派としての自負でしょうか。

それは私も同様で、ＭＭＴの理論にはいくつかの問題があるものの、今の日本の経済環境での「もっと財政出動を」という主張は間違っていないと思っています。その意味ではＭＭＴは批判されるべき点も多いものの、主流派経済学にとっても財政政策への考え方を再考させるカンフル剤になるのではないかというのが私のＭＭＴに対する評価です。

4-6

アベノミクス再起動のきっかけに
～カギを握る「ワイズ・スペンディング」～

ここまで見てきたように、日本はＭＭＴをやってはいませんし、恐らく他の先進国に先駆けてＭＭＴをやることは考えられませんが、主流派経済学の大物たちがこぞって日本に「財政均衡よりもさらなる財政出動」をと提言しているように、財政出動自体は一考に値します。

アベノミクス３本の矢では、大規模金融緩和で極端な円高・株安は是正されましたが、財政政策は２年目以降の消費増税と歳出削減によって経済成長の足を引っ張る結果になってしまいました。黒田総裁は「まだやれることがある」という姿勢を崩してはいませんが、現実問題として金融政策が限界に近いところまできている以上、今考えるべきは大規模な公共投資と減税で流動性の罠から脱出することです。

では、具体的に何をすべきかですが、２０１７年に「月刊資本市場」で若田部昌澄氏（２０１８年３月から日銀副総裁）が次のような提案を行っています。

１　社会インフラ補修の継続的支出、省庁の耐久財買い替えなど。老朽化インフラや災害対策。

２　教育無償化、学校の耐久財買い替え・普及、図書館充実など。

3 安全保障のための科学技術振興予算増など。
4 サイバー、宇宙、電磁波の新領域防衛費拡充。
5 貧困層への食事供給などの貧困対策など。フードスタンプや期限切れの食品供給。

この中でも、今日のように毎年「数十年に一度の災害」や「過去に経験のない災害」が頻発するようになると、河川の改修や堤防の整備といった社会インフラの強化補修は喫緊の課題となってきます。南海トラフなどの地震も想定されています。若田部氏は、財政出動によって社会インフラの補修を大規模に行うことで、想定される被害額が少しでも減少し、かつ人命が守られるとすれば、それは金額に代えられないと指摘します。

さらに私個人としては、お金を使った人が得をする税制（キャッシュレス決済の所得控除や投資減税など）や、流動化していない労働市場の解雇規制緩和とセットで公的職業訓練の拡充なども効果的だと考えています。最近、ようやく政府も就職氷河期の問題に目を向け始めましたが、終身雇用なども含めて考えることが求められます。

スウェーデンは福祉も充実していますが、解雇規制も緩くなっています。つまり、解雇しやすいということですが、同時に職業訓練も充実していることで再就職しやすい環境が整っています。日本も柔軟な雇用関係と共に転職の壁を低くすることにもっとお金をかけてもいいのではないでしょうか。

いずれにしても、大切なのはケインズが言うように「ワイズ・スペンディング」という考え方です。「賢い支出」という意味は、「不況対策として財政支出を行う際には、将来的に利益・利便性を生み出すことが見込まれる事業・分野に対して選択的に行うことが望ましい」がケインズの言う「ワイズ・スペンディング」の考え方ですが、日本でも財政支出に当たってはこの点をしっかりと考えるべきです。

「ＭＭＴは日本で実現するのか？」と聞かれれば、その答えは「難しい」ですが、内閣参与の浜田氏が指摘したように「根強い財政均衡主義の呪縛を解く解毒剤」にはなって欲しいと考えています。ＭＭＴには経済理論としては問題もあり、異端の理論と言われていますが、「財政政策重視の考え方」は低金利で長期停滞が続く今日の日本では大いに検討に値し、是非とも日本の「赤字＝悪」という過度な均衡財政主義の修正のきっかけとなってくれればと願っています。

4-7 見るべきは「赤字額」よりも「経済がしっかりと成長しているかどうか」である

ＭＭＴが日本の過度な均衡財政主義の修正のきっかけになってくれればと願う理由は、今後の日本の景気動向を占ううえで「金融政策」だけではなく「財政政策」も大きなカギを握っているからです。

２０２０年に東京で56年ぶりにオリンピックが開催されます。それに向けてこの数年は多くの公共事業が行われてきたわけですが、よく言われるように世界的にも「オリンピック後」の景気は悪化する傾向にあります。

しかし、実際には「オリンピック後」ではなく、「オリンピックの1年前」が景気のいきおいのピークになるというのが本当のところです。前回の東京オリンピックもちょうど1年前が経済成長率のピークとなっていますが、その理由は競技場の建設などの多くが1年前までに工事が完了するからで、そこをピークとして景気が減速するというのが一般的です。

ただし、今回に関してはオリンピック関連の工事が終了したあとも台風などの災害に伴う復興工事や大阪万博、ＩＲ関連と財政を出

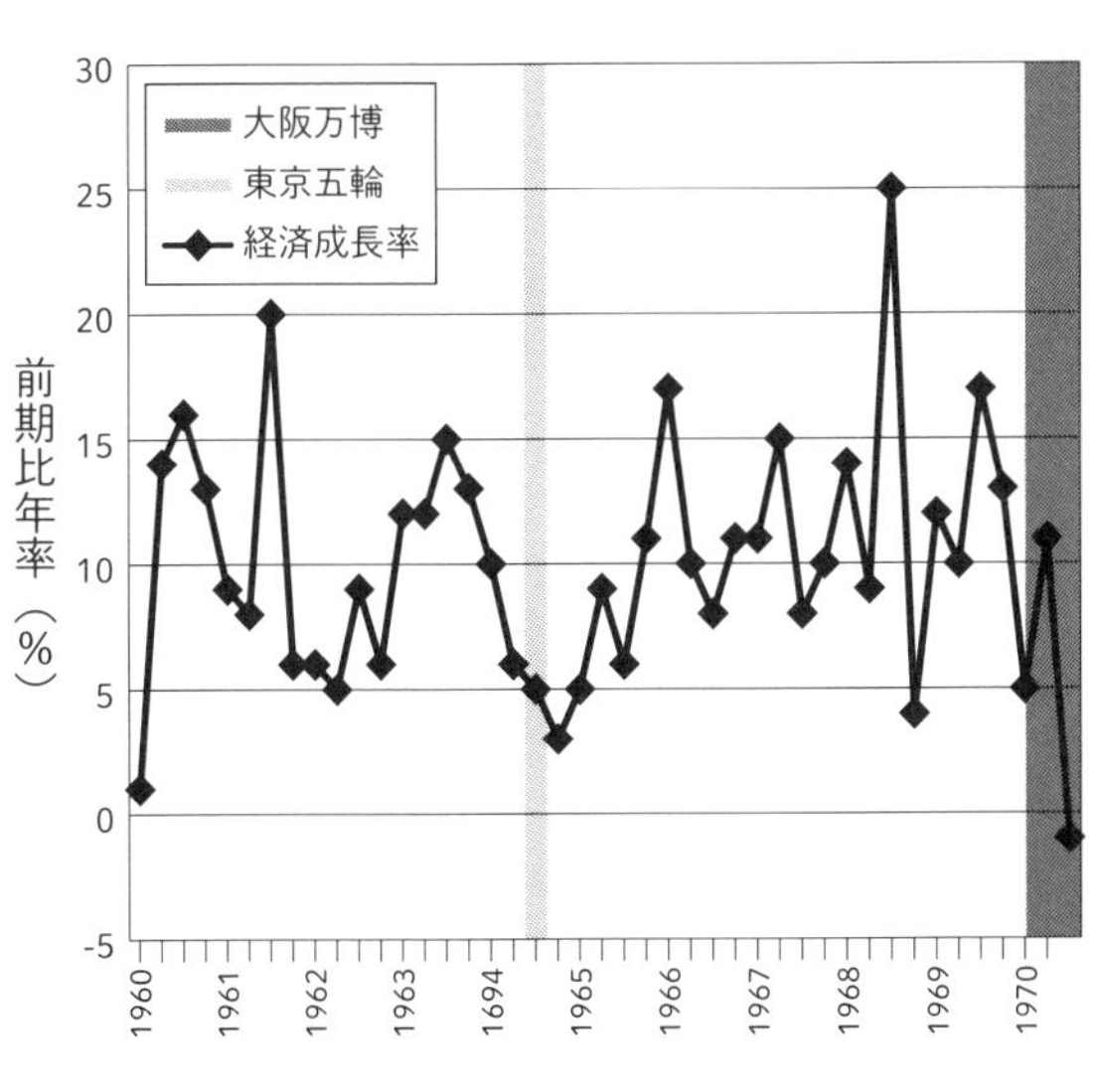

図20　前回の東京五輪前後の経済成長率
（データ出所：内閣府）

さざるを得ない局面が続いているだけに、前回の東京オリンピックの時のような景気の悪化は防げるのではないかという期待はあります。いずれにしてもカギを握るのは「財政」ですから、ここは過度に「財政の健全化」に縛られるのではなく、それ以上に「経済の健全化」に努めてもらいたいものです。

「財政赤字」というと、いつも取り上げられるのは「金額」ですが、実際には「金額」にはあまり意味がなく、本当に大事なのは「政府債務残高のGDP比」です。経済が成長せず、GDPが増えない中で政府債務残高ばかりが増え続けるのは問題ですが、幸い日本は横ばいです。それは国債発行額が増えてもGDPも増えているからであり、見るべきは「経済がしっかりと成長しているかどうか」であるというのが私の考え方です。

財政の健全化だけを考えれば、歳出をとことん削減すればいいわけですが、それでは経済は滅茶苦茶悪くなってしまいます。経済が健全化していないからこそ日本は流動性の罠に陥っているわけで、むしろ経済を最優先にすべきで、経済が健全化したら財政健全化もきちんとやるというのが今求められている考え方です。

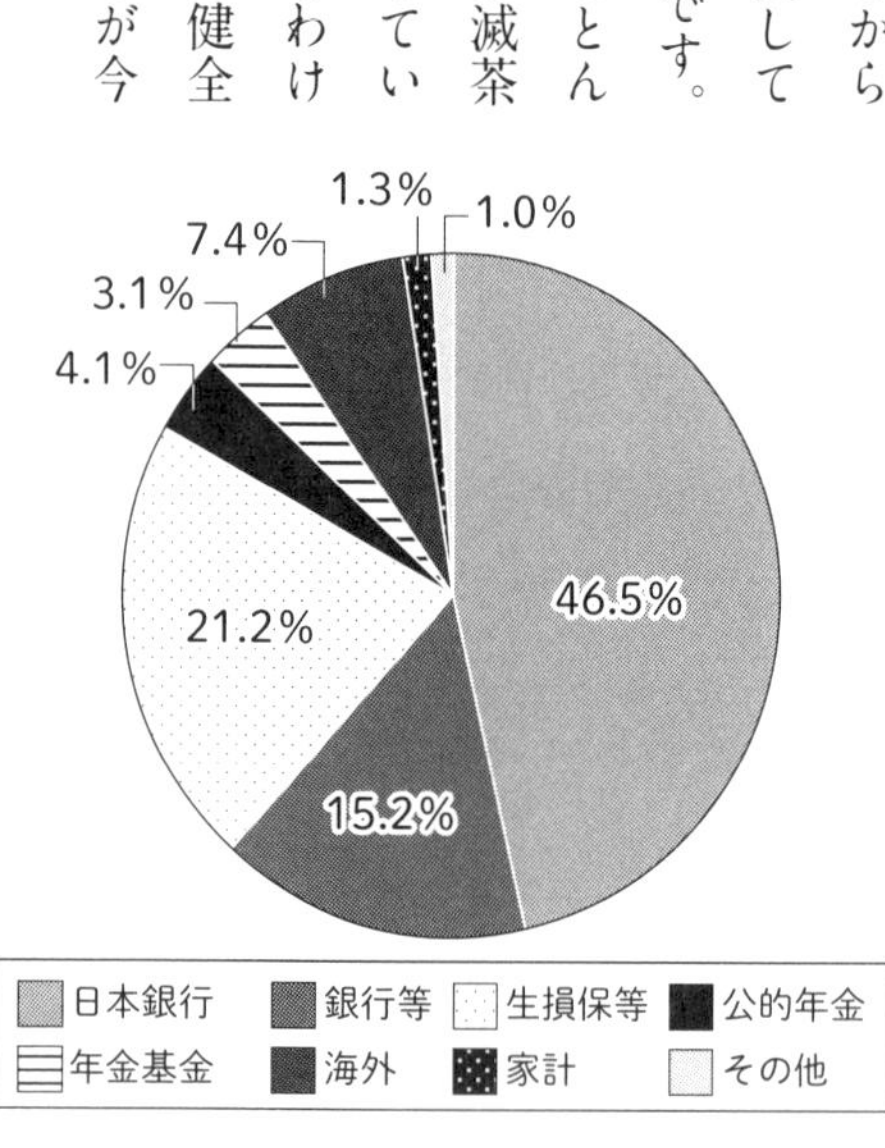

図21　国債の保有者別内訳（令和元年6月末）

さらに言えば、マスコミはしばしば政府の財政赤字を「国民１人当たり数百万円の借金をしているのと同じ」と表現しますが、実際にはこれは「国民の債務」ではなく「国民の債権」です。

２０１９年６月末段階の国債等の保有者別内訳というグラフがあります。

グラフによると国債の合計は約１０４０兆円でそのうち46％は日銀が保有していますが、ほかは銀行や生損保、公的年金や年金基金です。では、銀行の元手は預金ですし、生損保は保険料です。年金も国民が払っています。つまり、半分は家計のお金ということですから、国債は我々国民の「債権」です。

なのになぜ「借金」と思ってしまうのかというと、メディアが「家計」にたとえて、「国民１人当たり何百万円の借金」と報じているからです。何度か触れたように、家計の借金は死ぬまでに返さなければなりませんが、政府の債務は寿命がないので「いつまでに」はありません。

では、仮に全部返したとするとどうなるのでしょうか。世の中に国債がなくなるということは、それだけ世の中からマネーが吸収されるということです。お金の貸し借りが金融であり、金融が経済を活性化します。明治に入って渋沢栄一が銀行をつくったのは、ヨーロッパに習って経済を活性化するためでした。つまり、そもそも「政府の借金＝悪」という考え方がおかしいわけで、政府が国債を発行して調達したお金を使えばそれだけ世の中にお金が回ります。

「子や孫につけ」というのは、「返さなければならない」と考えるからです。家計の借金が減るのはいいことですが、政府の借金が減り過ぎるのは最悪の事態です。借金があるというのは金融が機能しているということなのです。もちろん「無尽蔵の財政出動」を支持するつもりはありませんが、長期停滞が続き、流動性の罠に陥り、かつオリンピック後の景気に不安がある以上、政府が財政を出動して需要を喚起するという方が過度の財政均衡よりもはるかに経済合理的と言えます。

本来、１９９０年代にバブルが崩壊した直後に日本は大胆な金融・財政政策をすべきでしたが、それができなかったがために長期間のデフレに陥ってしまいました。それを見ていたアメリカは、リーマンショックの後に大胆な金融緩和と財政出動で危機を乗り越えたわけですが、そのアメリカは今も「財政赤字の再解釈」により財政政策の先陣を切っています。

日本は今、長期停滞に加え、建設業などの人手不足が深刻化していますが、そこには長期デフレの放置が影響しています。デフレで人が余っていたため、欧米のようなＩＴ投資、省力化投資が遅れたツケが回っていて、少し景気が回復したことであらゆる産業が人手不足になっています。

こうした人手不足を解消し、長期停滞を脱するためにも今は「賢い財政出動」が何より求められています。そして完全雇用が実現し、流動性の罠も脱した時点で財政の健全化に取り組めばよく、それまでは財政の健全化よりも経済の健全化に取り組むことが最も必要なことなのです。

ＭＭＴの考え方がこうした発想の転換、政策の転換の刺激剤になればと願っているところです。

第5章

アベノミクスの検証

5-1 アベノミクス以前の「失われた20年」とは

ここまでケインズ経済学とＭＭＴについてまとめてきました。

それを踏まえて第４章では「はたして日本はＭＭＴを行っているのか、あるいは行うことができるのか」などに言及してきたわけですが、ここで大切なのは日本がＭＭＴ的な政策を行うことができるかどうかではなく、長期デフレを経験した日本の経済はどうすれば正常な状態を取り戻すことができるかという視点です。

２０１２年12月に発足した安倍晋三内閣が発動した経済政策「アベノミクス」がターゲットとしたのも「長期デフレからの脱却」であり、まさに先進国の中でも異常な状態にあった日本の経済を正常化することでした。本章ではそれから7年余りが経ったアベノミクスの検証を行いますが、それに先立ってそもそも日本経済はなぜこれほど長期のデフレに陥ってしまったのかというその原因を見ていきます。

日本が長期デフレに陥ったきっかけは１９９０年にバブルの崩壊です。バブル景気は１９８６年12月から始まり、そこから株価や不動産価格が異常なほどの高騰を見せ、企業も未曽有の好景気を謳歌します。特に地価の上昇はすさまじく、１９８０年代後半には東京都の山手線内側の土地価格でアメリカ全土の土地を購入できるといわれるほどでした。

株価も急激な伸びを見せ、1989年12月29日には38915円の高値を記録し、まさに「ジャパン・アズ・ナンバーワン」でした。

しかし、経済学では、実力以上に景気が良くなり過ぎると、いずれは限界が来て、実力に見合うように引き戻されることが知られています。高い所へ行けば行くほど、落ちる時の衝撃も大きくなるため、経済学では、できるだけ潜在的な経済力よりも大きく上振れしないようにコントロールすることが重要だと言われていますが、当時の日本の経済は明らかに、それも異常なほど実力の上を行っていました。

本来であれば、早めに金融や財政を引き締めて景気を冷ますべきだったのですが、その対処が遅れてしまったことがバブルを膨張させてしまいました。

さらにバブルの膨張に拍車をかけたのが、日本人に根強くある土地神話でした。「一所懸命の土地」という言い方をするように、日本人は自分の土地を持ち、その土地を守ることに強い執着を持っています。しかもそれまでの日本では、土地の値段がずっと上がり続けていたので、当時の日本人にとって土地の価格は絶対に下がらないものと信じられていたのです。

それは個人も企業も同様で、企業の中にも本業とは別に株式投資に血道をあげ、また日本国内に限らず海外にまで手を広げて土地を取得するところが少なくありませんでした。何に使うかとか、どう使うかという考えがあるわけではないけれども、「土地を買っておいて値上がりしたら売ればいい」という考え方です。

本来、土地の価値というのは、その土地を活用してどれだけの収益が上げられるかで測られるべきですが、このように土地を活用するのではなく転売することを目的に土地を買う人が増えたことで、期待される収益をはるかに超える水準にまで地価が高騰してしまいました。

それは株式も同様です。株価は、そもそもはその企業の収益に応じた価格になるはずですが、当時はそのようなことは一切関係なしに「株価40000円」に向かって暴騰を続けました。

■バブルに止めを刺した平成の鬼平

そして、景気の過熱は行きつくところまで行きます。具体的には、不動産価格があまりに高騰して、一般庶民にとってマイホームは高嶺（値）の花となり、持つ者と持たざる者の格差が大きくなり過ぎるなど多くの弊害が生じるようになりました。

そこで当局（当時の大蔵省）は上がり過ぎた地価を鎮静化させるために、銀行の不動産向け融資の総量規制を始めます。それまで無尽蔵と言えるほどに注ぎ込まれていた不動産市場にお金が流れ過ぎないように貸し出しの制限を行ったのです。

この時の引き締めは、お金の流通量を示すマネーストックがマイナスになるほどの極端なものでした。それをリードしたのが1989年12月に日銀総裁に就任した三重野康氏です。12月に公定歩合（当時の政策金利）を3・75％から4・25％に引き上げただけでなく、90年3月に5・25％、

8月に6・0％に引き上げるなど矢継ぎ早に「バブル退治」に邁進したことで、三重野氏はマスコミから「平成の鬼平」と呼ばれました。

これほどの大幅利上げを行ったことで、株価も地価も下落に転じます。株価は90年10月に20000円を割り込み、地価も長期の下落基調となり、土地バブルは崩壊します。さらにその影響が日本経済全体に及びます。地価が下がれば不動産担保の融資は担保割れをして、銀行の不良債権が急増します。バブル期に本業もそっちのけにして株式投資や不動産投資にのめり込んでいた企業は大量の不良資産を抱えることとなり、その後、長期にわたって不良資産の呪縛に苦しめられることになりました。

慌てた日銀は97年7月から利下げに転じることになりますが、資産価格の下落が止まることはなく、金融も目詰まりを起こし、日本経済はその後、長く続くことになる低迷期に入ることになったのです。

バブル時の日本の景気は、本来の実力からかけ離れた高い水準にまで登っていたため、その反動はあまりに大きく、ものすごい勢いで経済が落ち込んでしまいました。需要は大きく減少し、「供給＞需要」となり、デフレスパイラルに陥ります。

このようにバブルに関しては、過熱へと向かう中で引き締めが遅れたうえ、いざ引き締めるとなった時にあまりに極端にやり過ぎたことでのちのデフレを招くことになりました。

今から考えれば、先述したようにこの時にアメリカがリーマンショックの後にとったような急激な金融緩和策をとっていれば、デフレには陥らなかったと思います。

なぜなら、バブル崩壊後の早い段階で積極的な金融緩和を行えば、自国通貨が下がったはずです。そして円安になれば、国内で生みだされたものやサービスの値段が海外の製品やサービスに比べて割安となるため、競争力が増し、国内企業の業績も良くなり、経済は回復へと向かいます。

しかし、そのようなことは前例もなく、「初めて」を嫌う日銀による英断が下されることはありませんでした。結局、金融緩和が遅れ、バブルが崩壊して需要が落ち込んだにもかかわらず、日米貿易摩擦などもあり、逆に円高は進み、輸出にも頼れない八方塞がりの状況が続きます。

この時の「日本の失敗」から多くのことを学んだアメリカが、リーマンショック後に大胆な金融緩和や財政政策を実施することでいち早く経済を正常化させたことを見ても、金融政策の遅れや財政政策の失敗がどれほど経済に大きな傷を負わせるかがよく分かります。

■日本経済が陥ったデフレスパイラルとは

こうして日本は長期のデフレに入ることになりますが、そもそも「デフレ」とはどういう状態を指すのでしょうか。

デフレという言葉は「デフレーション」の略語で、その意味は「物価が持続的に下落していく経済現象」のことです。つまり、長い間、ものやサービスの値段が下がり続ける検証のことをデフレと呼んでいます。

こう言うと「ものの価格が上がるインフレよりもいいのでは」と言う人もいますが、ハイパーインフレはともかく、緩やかなインフレは、経済の正常な状態であり、むしろデフレの方が異常な状態です。

正常なインフレ状態の経済では、商品の価格は緩やかに上がり続けます。そのため欲しい商品は、早く買えば買うほど得をするので、企業も個人も積極的にお金を使い、経済が活性化します。それに対し、デフレ経済では欲しい商品は待っていれば継続的にものの値段が下がりますので、今買うメリットが薄れます。

これでは急を要するものはともかく、ほとんどのものに関しては「どうせ安くなるから買うのをちょっと待とう」となってしまいます。

経済がデフレに陥ると、このようにものを買うのを先延ばしするようになるため、当然、企業はものが売れなくなり、儲からなくなります。儲からなければ、人件費に回せるお金も少なくなり、働いている人の賃金は下げられ、雇用自体も減らされることになります。家計の収入も減るため、家計が使えるお金もますます減ります。

家計の使えるお金が減れば、人は節約に努めるほかありません。みんなが節約志向になり、消費を減らすと、ますますものは売れなくなるので、企業はものを売るためにものの値段を下げざるを得なくなります。すると、ますます企業の売上げは減り、働いている人の賃金を減らすという悪循環に陥ります。

さらにデフレには借金の負担を増やすという弊害もあり、デフレは収入減少と借金の負担増加という2つのルートを通じて負のスパイラルを生みだします。

これがいわゆるデフレスパイラルです。この悪循環が続いて、経済が縮小するというのがバブル崩壊以後の日本の経済だったのです。

インフレは経済への追い風であるのに対し、デフレは逆風となります。しかも厄介なのは、一度デフレに陥ってしまうと、そこから抜け出すのはとても難しいということです。

リーマンショック直後のアメリカがあれほど大胆な金融緩和策などを打ち出すことができたのは、バブル崩壊後の日本経済がデフレ状態に陥ったにもかかわらず、適切な手を打てないままに長い停滞に入ったことを知っていたからでしょう。

■日本の「失われた20年」

では、日本がどれほどの経済の停滞を経験したかというと、1990年代初頭のバブル崩壊から、およそ20年間のことを「失われた20年」と言うことで分かるように、1991年から2010年までの間、アメリカやドイツといった国々の名目経済成長率が年3〜4％であったのに対し、日本のそれは年0・5％に過ぎませんでした。

その間、有効求人倍率が1・0倍を上回ることはほとんどなく、新卒の学生たちも就職氷河期の中で安定した職に就くことができなかった人が多かったことが、今になって大きな社会問題となっています。

もちろんその間、国や日銀も何の策もとらなかったわけではありません。バブル崩壊以降、日銀はほぼ一貫して金融緩和に取り組み、その結果として普通預金金利もほぼゼロという状況が続きましたし、政府も公共投資中心の財政出動をくり返し、債務残高は急速に増えることとなりました。

２００2年から6年間にわたって「いざなみ景気」も経験していますが、それも豊かさの実感できないものであったうえ、２００8年にはリーマンショックによる世界的不況の影響を受け、日本経済は再びマイナス成長に陥っています。さらに追い打ちをかけたのが２０１１年の東日本大震災であり、「１００年に一度」級のショックが相次いだことで日本経済はデフレを脱却する機会を再び逃します。

結果、１９９０年代初頭から20年以上にも渡る長期デフレ、「失われた20年」を経験することになるわけですが、こうした長期デフレから何としても脱却しようという強い意思の下で発動されたのが「アベノミクス」です。

以下、アベノミクスについて詳しく見ていくことにします。

5-2 「第一の矢」大胆な金融緩和

２０１３年1月28日、約5年ぶりに首相に復帰した安倍晋三首相は、所信表明演説の中で、経済の再生を「我が国にとって最大かつ喫緊の課題」と位置づけ、デフレを克服して、強い経済を取り戻すことを力強く宣言しました。

目指したのは「緩やかで安定的なインフレ」です。

日本の長期デフレは、バブル崩壊後の需要の大きな落ち込みによって生じた需給ギャップに起因しています。

需給ギャップというのは、企業の生産設備や労働力、技術力をフル稼働した際に生みだされる経済の潜在能力と、実際の需要との乖離のことです。

つまり、働く意欲があるにもかかわらず失業してしまって働くことができないとか、仕事量が少なくて企業の生産設備が遊んでしまっているなど、使えるはずの能力がフルに使えていない状態のことを需給ギャップが生じているといいます。

アベノミクスが目指したのは、このように足りない需要を、金融・財政政策を中心にしてつくり出し、需給ギャップを埋めることで景気を回復させ、物価を緩やかに上昇させようというものです。結果的には金融政策が中心になりましたが、財政政策も加えて効果を高めるというのがアベノミクスの考え方でした。

■マーケットは「期待」で動く

アベノミクスは「三本の矢」と言われていて、第一の矢が「大胆な金融政策」、第二の矢が「機動的な財政政策」、第三の矢が「民間投資を促す成長戦略」となります。

第一の矢の「大胆な金融政策」は、それまで日銀が「1%を目途」としていた物価目標に代わって「2%のインフレ目標」を掲げ、「極端な円高株安の是正」を進めるというものです。

第二の矢の「機動的な財政政策」は、「国土強靭化計画」などの公共工事や減税などにより財政支出を増やそうというものです。民主党政権が「コンクリートから人へ」を掲げて公共事業を減らそうとしたのと対極にある考え方です。

第三の矢の「民間投資を促す成長戦略」はその後、「骨太の方針」として発表され、経済連携協定や特区の活用などが推進されました。

三本の矢に関して言えば、個人的には第一の矢はやれることはほぼやっていますし、第二の矢はMMTとも関係しますが、早めに引き締め過ぎたため失敗したと考えています。さらに、第三の矢は道半ばというところでしょうか。

一般的に成長戦略については「何もできていないじゃないか」と言う人がいますが、私はそうは思いません。もちろんすべてができているということでありませんが、進んでいるところは進んでいるが、まだ十分ではないというのが正直なところです。

では、なぜアベノミクスの効果に懐疑的な評価が出ているかというと、アベノミクスのうち最も効果を発揮したのは第一の矢ですが、日銀独自でやれることはほぼやっており、今後できることが限られてきたことが原因ではないでしょうか。

実際、アベノミクスの第一の矢は最初は大きな効果を発揮しています。

大胆な金融緩和でどういう効果があったかというと、図22・23のグラフを見れば分かるように、それまでの極端な「円高・株安」の是正が進んだことが挙げられます。

為替レートというのは基本的に二国間の金

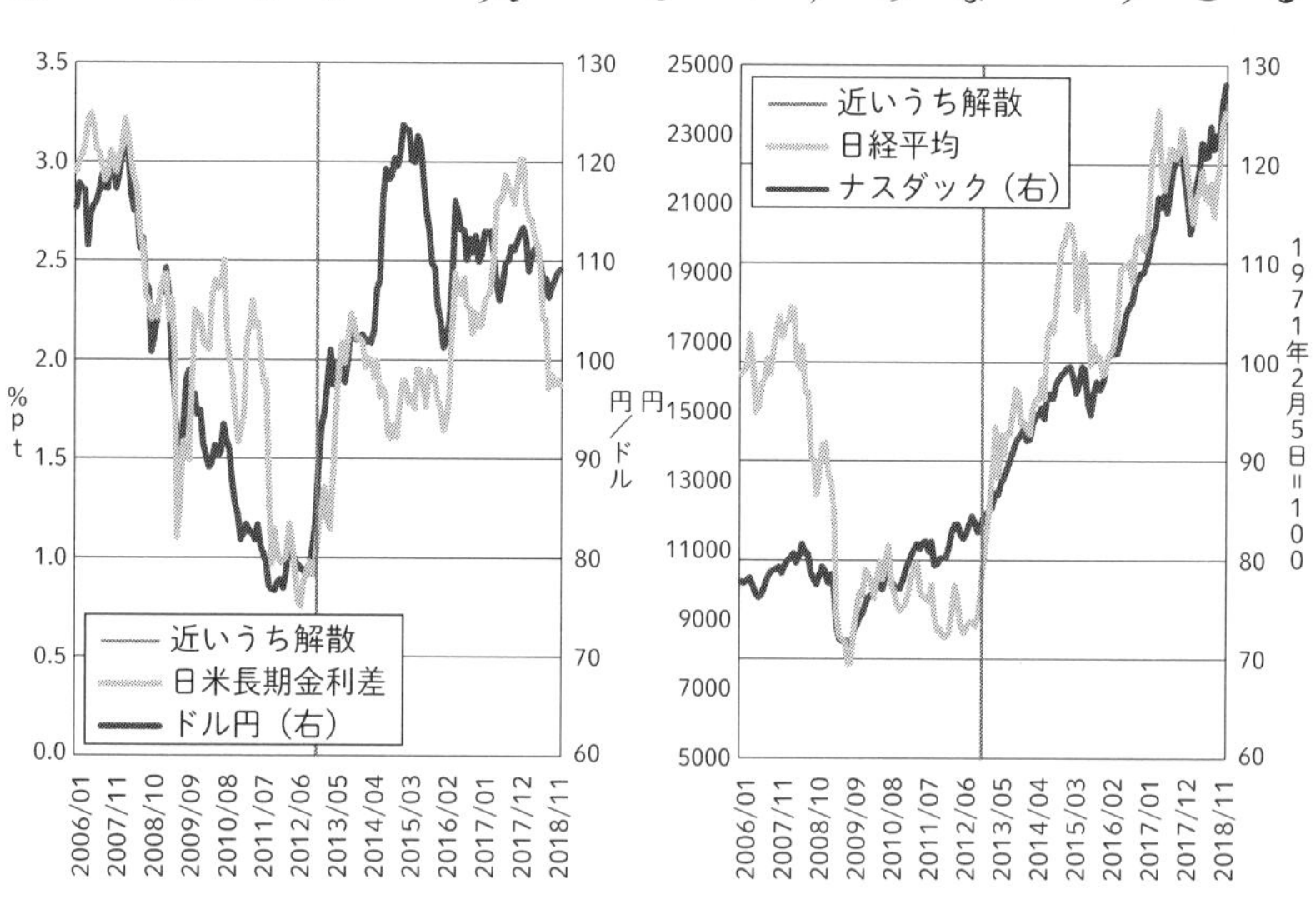

図22　金利差で説明できない円安
（データ出所：日銀、日本相互証券）

図23　海外要因では説明できない株価上昇
（データ出所:日経新聞、ナスダック）

利差で決まりますが、アベノミクスに関しては金利差よりも前に円安が進んでいます。

アベノミクスに関しては、内閣が成立した2012年12月からと言われていますが、為替レートは期待で動くものです。衆議院の解散は2012年11月で政権が交代したのは12月ですが、同年11月に民主党の野田佳彦首相が「近いうちに解散する」と表明したその瞬間からマーケットの雰囲気は一変しました。

実はその前から安倍さんは「政権を取ったら金融政策を変える」と言っていました。つまり、アメリカやイギリスがやっているような大胆な金融緩和をやるという意味ですが、野田首相が近いうちの解散を表明したことで、民主党から自民党に政権が交代すれば金融緩和に積極的な安倍さんが首相になり、それまでの9000円を割る株価と、70円台の円高という「円高・株安」は是正されるのではという強い期待がマーケットに生まれたのです。

以来、グラフに見るように金利差よりも前に円安が進んでいます。さらに2014〜15年のように金利差が縮小しているのに円安が進んでいる時期もあります。理由は日銀が主導する強力な金融緩和策である黒田バズーカ第二弾の効果が大きかったからです。

2013年4月、日銀は量的・質的金融緩和を導入、2%の物価目標を2年程度で達成すると表明しました。量というのは、国債買い入れによる資金供給量の増加で、質は期間の長い金利に低下圧力をかけることなどを意味しますが、これが黒田バズーカの第一弾でした。この政策は株価上昇を支え、景気を上向かせることに成功しました。

黒田バズーカ第二弾は２０１４年10月末にうちだされました。２０１４年４月に消費税が５％から８％に引き上げられたこともあり、国内の景況感が悪化したことを受け、日銀は量的・質的金融緩和の拡大（追加緩和）を決定、より多くのお金を市中に供給し始めました。このタイミングでの追加緩和は非常に効果的で、株価が上昇するなど景況感は再び上昇へと転じました。

結果、金利差で説明できないような円安が進んでいますが、これなどもまさに期待に働きかけることで円安が進むことになったと言うことができるでしょう。

■「白い日銀」から「黒い日銀」へ

日銀総裁が白川方明氏（２００８年４月〜２０１３年３月）から黒田東彦氏（２０１３年３月〜）に交代したことで為替や株式市場の様相がオセロのようにがらりと変わりました。これを白い日銀から黒い日銀へと表現することがありますが、どのような変化があったのかを考察してみましょう。まず「白い日銀」とは、白川氏だけのことを指しているのではなく、旧日銀の伝統的な考え方を指しています。

白い日銀は、中央銀行が調整するのは金利であって、マネーの総量を動かすのは邪道であるという考えていました。白川氏もまったく金融緩和をやっていなかったわけではありませんが、規模が小さく目立った効果はありませんでした。

また、期待に働きかけることを軽視していた節があります。例えば、量的緩和政策を表明した直後に、「効果は限定的」などとマーケットの期待を裏切るようなコメントを出すこともありました。

さらに白川氏は、日本の課題でもある人口の減少に関しても、次のような趣旨の発言をしています。

「人口減少とインフレ率の関係があるから、日本みたいな少子高齢化が進んでいる国は、どんなに金融緩和をやってもデフレからの脱却は難しい」

たしかに少子高齢化とインフレ率の関係を国際的に見てみると、それなりの関係があるように見えます。少子高齢化が進み生産人口が減少する市場では、収益期待が見込めないということで、企業の投資が抑えられたり、個人も将来への不安から消費を控える傾向があり、物価に人口の減少が与える影響がゼロと言うことはできません。

しかし、日本以外のドイツなど、人口減少が始まっていた国々がデフレに陥っていたかというとそうではありませんでした。つまり、日本のデフレに人口減少が何らかの影響を与えてはいたとしても、それがデフレの主因であるとは考えにくく、にもかかわらず「デフレからの脱却は難しい」などと言いきってしまっては、せっかくの金融緩和への期待も帳消しになってしまうどころか、「日銀はデフレから脱却する気はないのだな」という雰囲気をマーケットに抱かせることになるのです。これでは「円高・株安」が加速するのも仕方ありません。

一方、黒田氏率いる「黒い日銀」は、マネタリーベースを2倍に拡大する、長期国債の買い入れ拡大と年限を長期化するといった今まで白い日銀が否定的だったデフレへの脱却を明らかな数値目標と共にやり切ると宣言します。

金融政策には「期待」がとても重要です。期待を裏切るような政策や発言をしてしまうと、金利差以上の「円高・株安」になりますが、期待をはるかに上回るような政策を打ち出し、積極的な発言をすればやはり金利差以上の「円安・株高」へと誘導できます。そこにネガティブな白川氏と、ポジティブな黒田氏の違いがはっきりと表れています。

さらに黒田氏が日銀総裁に就任する以前から安倍首相が「金融政策を大きく変えてみせる」と期待に働きかけるような発言をしていたこともあり、黒田バズーカの効果はより大きなものとなったのです。

つまり、アベノミクス以降の持続的な「円安・株高」は政策だけでなく、まさにインフレ期待を形成した結果と言えます。

円安になると、特に輸出関連企業は国内でつくったものが海外で安く売れるようになるので、たくさんものが売れるようになります。

また、「円安・株高」となると将来の収益期待が高まり、企業が設備投資も行いやすくなります。

家計においても、実際に株を持っている人であれば保有資産が増えるので、消費を増やすことができますし、株を持っていない人も株価上昇のポジティブなニュースが続くと財布の紐が緩くなり、消費を増やすことが株価と消費者心理のデータの関係から明らかになっています。

つまり、アベノミクス以前の日本が極端な「円高・株安」に苦しみ、企業心理も個人の気持ちもネガティブになっていたのに対し、アベノミクスによってマーケットの期待に働きかけたことで一気に「円安・株高」へと進み、その分、企業の収益も改善し、個人の気持ちも少しは上向くことになったのです。

金利操作から量的緩和へ

金利操作や預金準備率の上げ下げでお金の量をコントロールする方法が伝統的金融政策であるのに対し、黒田氏は非伝統的金融政策とも呼ばれる量的緩和策を重視しました。量的緩和策とは、中央銀行が市場から国債などの金融商品を購入することで、市場に出回るお金の量を増やすことです。

白い日銀時代の日本でも2001年から2006年3月にかけて、当座預金残高を30～35兆円の間で維持する政策目標を掲げて実施したことがあります。当時としては大規模と考えられましたが、日本が陥っていた長期デフレを脱却するにはこの金額規模ではとても足りませんでした。

実際、既に触れたように、2008年のリーマンショック後のアメリカはものすごい勢いで通貨供給量を増やすことでいち早く経済の正常化に成功していますが、本気でデフレから脱却するためには日本においても大胆な金融緩和が不可欠だったのです。

では、そのものすごい勢いとは具体的にどれほどでしょうか。黒田氏は年50兆円マネタリーベースで増やすと発言し、第2弾で80兆円まで増やしています。しばしば異次元緩和と評されることがありますが、これまでの金利を上げ下げする質的緩和のみに終始してきた日銀の政策と比べると、まさに異次元と言えるでしょう。

ただし、この異次元緩和の余地も次第に少なくなっていきます。

そこで２０１６年1月からは既にヨーロッパで行われていた「マイナス金利」に踏み切りました。これは量から金利への変更ですが、それをやったことで長期金利がさらに下がることになりました。

長期金利があまりに下がると、金融機関の経営や年金の運用に悪影響が出ます。それを和らげようと２０１６年9月から実施したのがイールドカーブ・コントロールです。イールドカーブ・コントロールというのは「長短金利操作」のことで、金融市場調節によって長期金利と短期金利の操作を行うことですが、この辺からさすがに第一の矢も限界に近づいてきます。

当初はマーケットの期待に働きかけることで「円高・株安」が是正され、「円安・株高」に向かうなど効果が出ましたが、期待は長続きするとは限りません。量的緩和から金利操作に政策目標をシフトすると、マーケットは「金融緩和はもう限界に近いんだね」と判断します。つまり、逆の期待が働くようになります。世界的に見ても日銀のように国債の半分近くを持っている中銀はありません。金利面では日本より低いところもありますが、こと量的緩和という面では限界に近づきつつあるのではないかというのが正直なところです。

金融政策はほぼ限界に

アベノミクス第一の矢である「大胆な金融緩和」に対しての私の現在の評価は、当初は有効に働いていたものの限界が近づきつつあり、これ以上できることは限られているだけに追加的な効果は限定的というものです。ただし、金融緩和を行っていることによる効果自体はまだ維持されています。現在の日米の長期金利差を見ると、もっと円高が進んでいてもおかしくありません。100円割れをしていてもおかしくないほどの金利差ですが、現実には今も100円台後半で維持されているというのは、日銀がイールドカーブ・コントロールで金利をコントロールしているからです。

もしこの政策がなかったら、もっと円高が進んでいるところを何とか今の水準を維持している点を評価すべきではないでしょうか。

また第一の矢を評価する際1つ考えるべきは、日本人のデフレマインドの問題です。

仮に日本以外の国が今回、日銀が行ったような大胆な金融緩和を行ったとすれば、経済はもっと成長したはずですが、日本は「失われた20年」によってマインドが極度に委縮してしまったために、普通の国では成功するはずの正しい政策を行っても、期待通りにはなかなか経済が正常化していません。これは政策が間違っているというよりも、それまでの20年間の異常さが影響していると言うことができます。

急性疾患のうちに正しい政策を行えば回復できたものを、長年にわたって放置したことで慢性疾患になってしまったため、普通なら良くなるはずの治療を行っても簡単には回復できずにいるというのが今の日本なのです。

そのため金融政策に関しては、既にやれることはかなりやっているので、これ以上、金融政策のみに多くを期待するのは酷な話といえます。

■雇用増加で実体経済にも好影響を与えたアベノミクス

アベノミクスや金融緩和に関して、次のような批判をする人もいます。

「アベノミクスが始まった時は世界経済も良くなっていた時期なのでたまたま効果が出ただけだ」というものです。たしかにそれも一理あります。

仮にアベノミクスをやったとしても、2008年のリーマンショックのようなものが起きたとしたら厳しかったでしょう。しかし、一方でアメリカは今、最長の景気回復を続けていますが、アベノミクスをやらなかったら日本は現在の状況にさえなっていなかったというのも事実です。

それは株価を見ればよく分かります。野田首相の「近いうち解散」の前からアメリカの株は上がっていましたが、世界の株が上がる中で日本の株だけが下がっていました。それが「近いうち解散」によって日本の株価が世界の株価にキャッチアップしました。その理由は、日本株売買高の6~7割は外国人投資家が占めていますが、彼らが近いうち解散の時に一気に買いに走ったからです。

民主党政権の政策はアンチビジネスでしたし、金融政策も白い日銀でしたので、外国人投資家にとって日本の株式市場は期待できませんでした。投資家にとって重要なのは、いかに企業収益が上がるかですから、アンチビジネスの政策を行っている国の株は買いにくいものです。そのため世界の株価が上がっても、日本株は一向に上がる気配を見せませんでした。それが「近いうち解散」によって、日本のビジネス環境や日銀の政策が変わることへの期待が生まれ、「日本株を持ちたい」となったのです。

その意味では、アベノミクスはマーケットが変わるきっかけになったという点で大きな効果がありました。海外の景気が良かったから「たまたま良くなった」のではなく、アベノミクスの効果があったからこそマーケットは良くなったのです。

MMTは財政政策だけを重視しますが、このようにアベノミクスを見ると金融政策も重要だというのがよく分かります。

アベノミクスについてよく聞く批判に「円安・株高が進んだだけで実体経済は良くなっていな

いのでは」というものもありますが、アベノミクスは実体経済にも大きな効果をもたらしています。

事実、株価は3倍になっています。円安・株高が進むと輸出が増えると言われていますが、実際に輸出は増加、株価に連動する形でも輸出は増えています。

輸出以上に効果があったのは、国内の設備投資です。設備投資は利益が将来増えると企業が予想するときに増加するものなので、輸出だけでなく、国内需要にも大きな効果があったと評価できます。

また、雇用の増加にも効果が出ています。事実、株価の上昇に少し遅れて就業者数も増えています。円安株高で内外の需要が増えると、当然、人手不足になりますから、主に製造業や建設業での雇用の増加が顕著になりました。

ただし、それだけでは説明できないほどの勢いで就業者数は増えています。理由は女性や高齢者の労働参加率の上昇にあります。もちろんそこには景気が良くなったからというだけではなく、高齢者であれば「老後資金２０００万円問題」ではありませんが、年金だけでは生活できないという理由や、女性の場合では老後への不安や夫の収入が伸びないなどの理由から働かざるを得ないという面もあるかと思います。しかし、「働きたい」人が増え、「働く場」も増えているというのもアベノミクスの一つの効果です。

5-3

「第二の矢」機動的な財政政策

第一の矢に関してアベノミクスは十分な効果を発揮しましたし、現在も一定の効果を発揮し続けていますが、第二の矢である機動的な財政政策に関しては「良かったのは最初だけ」というのが正直な評価です。

安倍政権は、個人（家計）消費も増え、家計の金融資産も増え、就労も増えはじめてきたところに消費増税（２０１４年４月）を行ったことでせっかくの効果を帳消しにしてしまいました。図24のグラフを見れば分かるように、増税前の駆け込み需要で個人消費が増えて、その後大きく下がったままなかなか元の水準に戻りません。

経済の好循環を生み、デフレから脱却するというのがアベノミクスの狙いだったはずですが、それに反して明らかに消費増税を早くやり過ぎた結果です。

極端な円高・株安を是正して、企業業績を上げることは第一の矢で成功しました。その後、利益を上げた企業が雇用を増やし、賃金を引き上げることで家計の収入を増やし、家計が消費を増やしてまた企業が儲かるというのが経済の好循環です。

しかし、経済の好循環の一巡には最低でも2～3年はかかります。

アベノミクス1年目に押し上げられた効果は、仮に株や為替がその後も同じ水準で推移したとしても、2年目、3年目にはさらに2次波及、3次波及と広がって効果が累積していきます。

まず円安・株高が進むと、業績が改善する企業が増えてきます。すると先ほども触れましたが、新たに設備投資を行い、採用を増やすようになります。こうした形でまず一次的な効果が生まれます。

次に設備を納入した会社の業績も良くなるので、その会社も設備投資をしたり、社員の給料を増やしたりできるようになります。給料が増えた社員たちは消費を増やすので、商品をつくっている会社や販売している店も儲かるようになります。

このように需要が増えた効果は、2次・3次と広がっていくことが期待できるのです。しかし、波及には年単位の時間が必要なのです。

たとえば、企業の業績が上がったからといってすぐに社員の給与が上がるわけではありません。

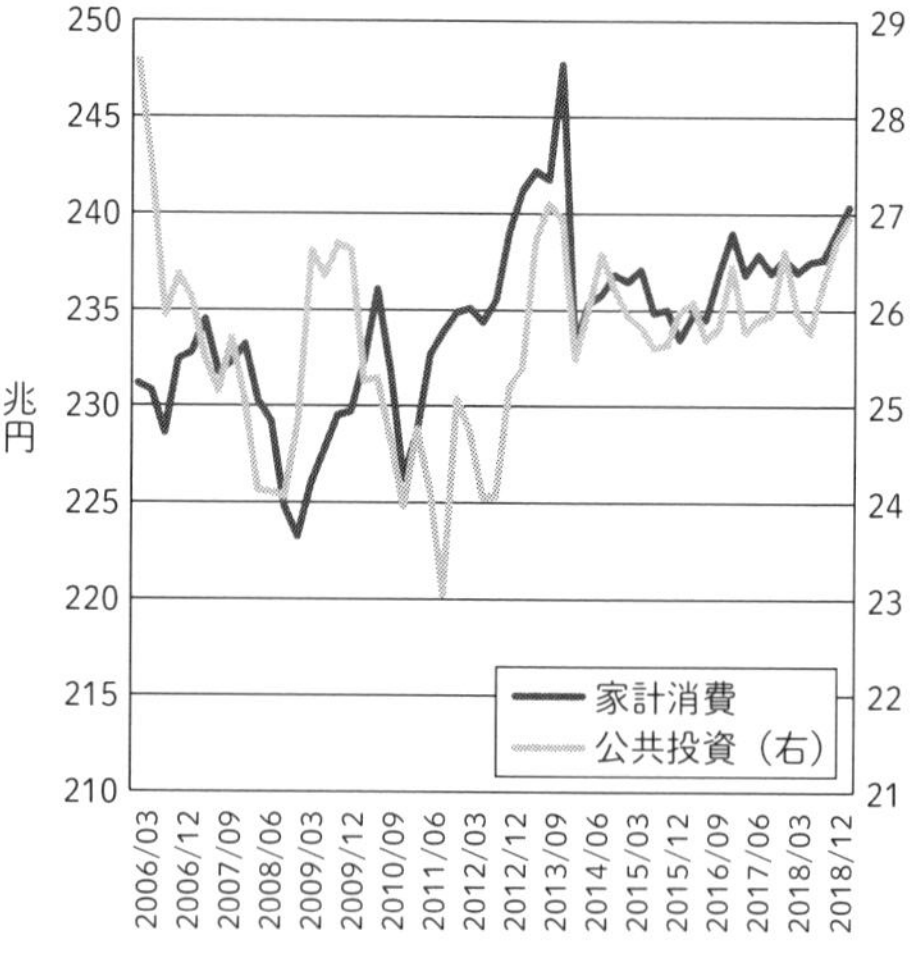

図24　実質個人消費と実質公共投資
（データ出所：内閣府）

特に賃金は、春闘で決まことが多いので、1年遅れになります。しかもそれまでは長くデフレが続いていたため、たとえ業績が上向いたからといえ、経営陣はどうしても基本給を上げることには慎重にならざるを得ません。

そのため、ある程度業績が安定して伸びることを確認しない限り賃金は上がらず、上がるにしても春闘の関係で時期は遅れがちになります。つまり、賃金が上がるには最低でも2、3年かかるのに、アベノミクスからわずか1年で消費増税をやってしまいました。

さらに、一気に「3％」も上げています。ヨーロッパ諸国では消費税20％の国もあります。そのため世界の先進国との比較の中で「だから、日本も早く上げろ」と言う人がいますが、過去のヨーロッパでの引き上げは一回につきせいぜい1～2％で、一気に3％も上げたケースはほとんどありません。

それだけ消費税というのは「一気に上げる」ことにはリスクが付き物なのです。にもかかわらず、日本は経済が好循環になる前に消費税を一気に3％も上げてしまいました。これは拙速にやり過ぎでした。

■下振れを続ける社会保障費推計

さらに公共投資も消費増税のタイミングで減らしています。言わばダブルでマイナスになることをやったことで、せっかく経済が好循環に向かうところを、その循環を遮ってしまったのです。

図24の表を見れば分かるように、公共投資もアベノミクスの1年目がピークで以後はその時の数字に戻っていません。

社会保障改革も大きな影響を与えています。よく言われているように日本は少子高齢化の進展によって社会保障制度の将来見直しが厳しいので、負担や給付の見直しは不可避です。

そのため社会保障の効率化は結構進んでおり、推計よりも実績は下振れしています。理由としては、それまで物価が下がっているのに給付を下げなかった年金を下げたことや、雇用が増えて失業給付が減ったこと、さらには薬価の改訂やジェネリックの利用が増えたことなどが挙げられます。

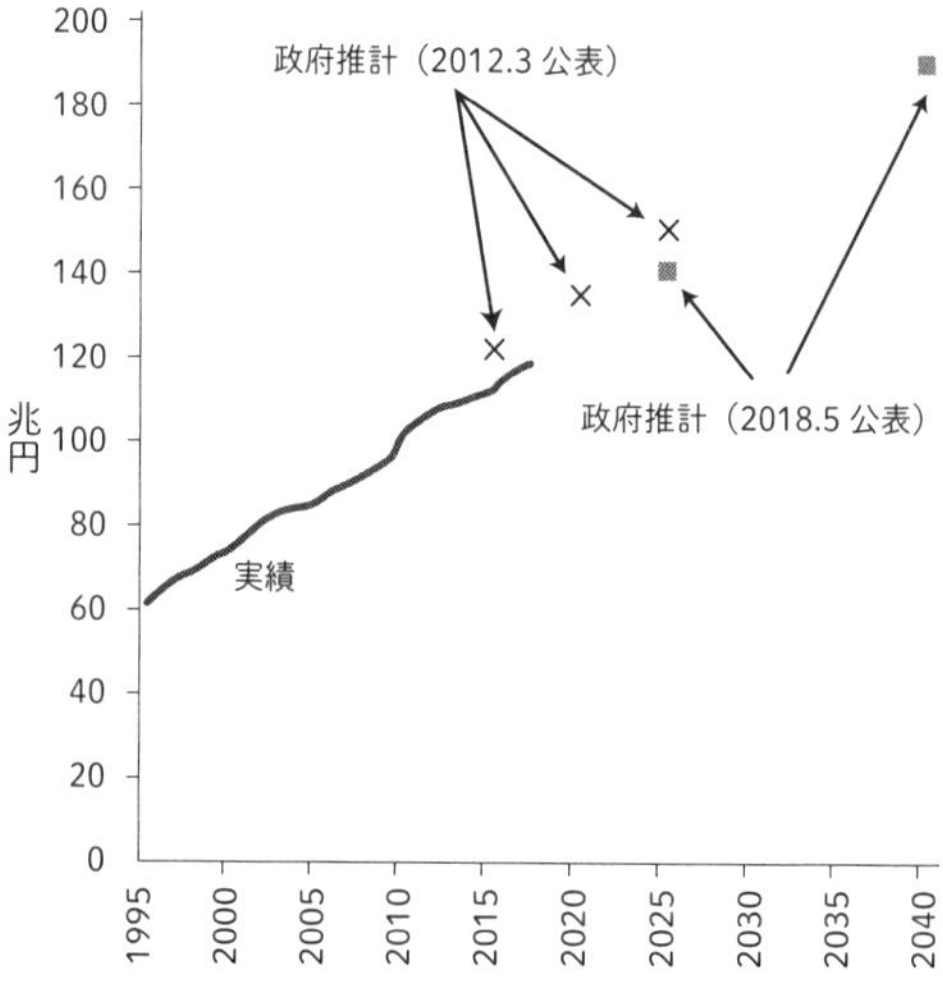

つまり、社会保障改革は進んでいるのに一気に高齢者の年金を減らし、消費増税で約8兆円に年金の減額約5兆円を加えた約13兆円の緊縮財政になったことで、良くなるはずの経済の好循環が遮られてしまったのです。

また、社会保障費の政府推計はいつも大幅にぶれることが指摘されています。

図25　社会保障給付費
（データ出所：厚労省、財務省、内閣府）

２０１８年5月、政府は年金・医療・介護などの給付に将来いくらかかるのかという推計をまとめ、「２０２５年度に今の2割増しの１４０兆円が必要」と数字をはじき出していますが、過去を振り返ると、この推計値は下方修正の繰り返しでした。

「２０１５年度の推計額」で見ると、１９９４年には３００兆円だったのが、２０００年には２００兆円まで減額、その後も２００６年に約１６０兆円、２０１２年に約１５０兆円に下がり、今回が１４０兆円と推計値を出すたびに下がり続けているのです。

なぜこんなにぶれるのでしょうか。94年の推計では、ＧＤＰの伸び率を２０００年度までは平均4~5%、以後は3~4%としていたのに対し、最新の推計ではＧＤＰの伸び率を年１~２%で計算しているため、四半世紀で推計額は約１６０兆円も減ることになったのです。

しかし、これでも実際のＧＤＰは２０００年度から15年度まで0.7%増ですから、こちらも下方修正される可能性があります。では、なぜこれほどの下方修正を続けながら推計方法を見直さないかというと、「過大な推計」の方が都合がいいからです。

政府にとっては過大な推計は、給付の削減を迫る根拠となりますし、下方修正していくことで「効率化が効いている」という改革努力を主張できるうえ、「社会保障と税の一体改革」を上回るさらなる改革の必要性を主張できるというのです。

反対に甘めの数字を出すと、国民が社会保障改革は必要ないと思い込むため、できるだけ厳しい数字を出すことで社会保障の効率化を進めたり、あるいは消費増税への理解を深めたいというのが政府の狙いなのです。

たしかに社会保障改革は必要ですが、かといって経済の成長なしには財政の健全化は実現できないわけですから、経済の好循環を遮るような改革には慎重でありたいものです。

その意味では、年金が減ったことは国民のマインドにかなりの影響を及ぼしました。年金のスライド方式には「マクロ経済スライド」「物価スライド」「賃金スライド」の3通りの考え方がありますが、日本は少子高齢化の影響もあり、将来的に年金を納める現役世代が減り、受給者が増えることで最終的に年金財政が危機に瀕することを避けるために、２００４年度から「マクロ経済スライド」を導入しています。

「マクロ経済スライド」というのは、年金給付額にマクロ経済全体の変化を反映させ、自動的に調整させる機能を持つ制度のことですが、そうすることで物価や賃金の上昇に応じて伸びるはずの年金額の伸びを抑え、少しずつ年金の水準を下げていくことになります。これにより実際に年金額が引き下げられたことで、アベノミクスの好循環に入る前に年金世代は厳しさを実感してしまいました。

現在、家計の金融資産１８００兆円以上あり、そのうちの6割は高齢者ですが、その額は意外に減っていません。理由は高齢者が長く働くようになったことや、年金が減った分を支出切り詰めていることなどが影響していると考えられます。

いずれにしても早い時期に消費増税を実施したことは、国民の家計やマインドにとって決して良い影響を与えませんでした。

■企業の期待成長率を高める政策を

社会保障費というと、年金や医療、介護、子育て支援等になります。

そのなかで、一番膨張が懸念されているのが医療費です。年金は先ほども触れたようにマクロ経済スライドで抑制されますが、医療費は増え続けています。図26の表で分かるように、２０１６年は薬価の改訂やジェネリックの利用促進もあり減っていますが、その後は再び増加傾向にあります。

ただし誤解されているのは２０２２年から団塊世代が75歳以上の後期高齢者になり、自己負担が１割になるため社会保障費が膨張すると言われていますが、実はそうともかぎりません。高齢者は団塊世代だ

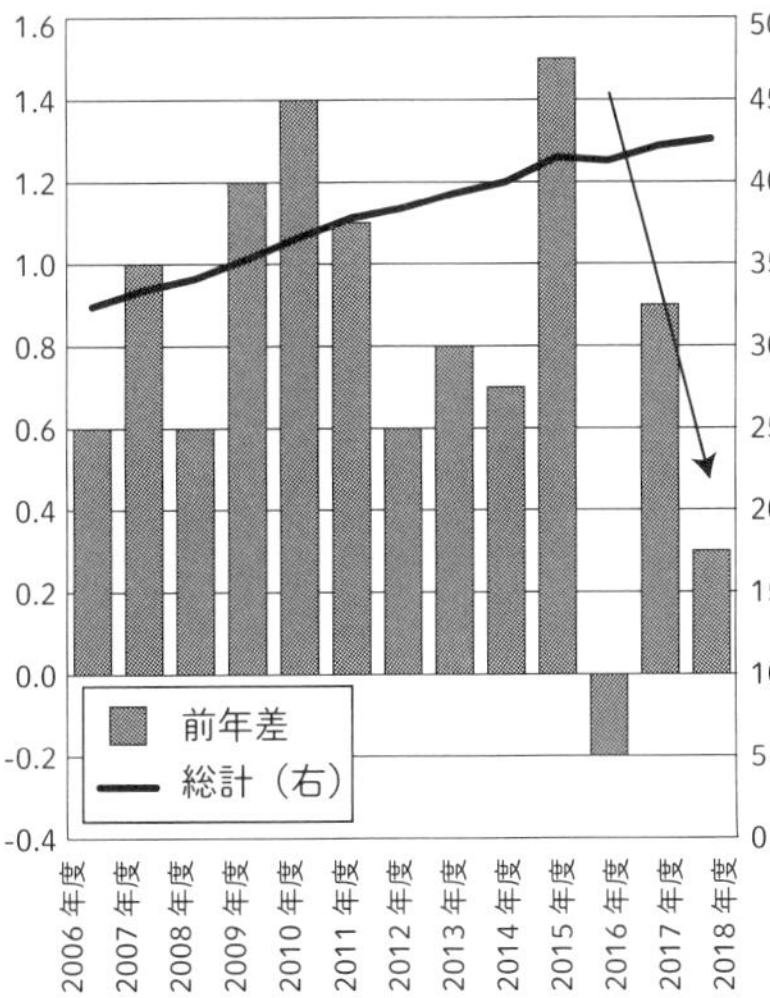

図26　医療費の推移（兆円）
（データ出所：厚生労働省）

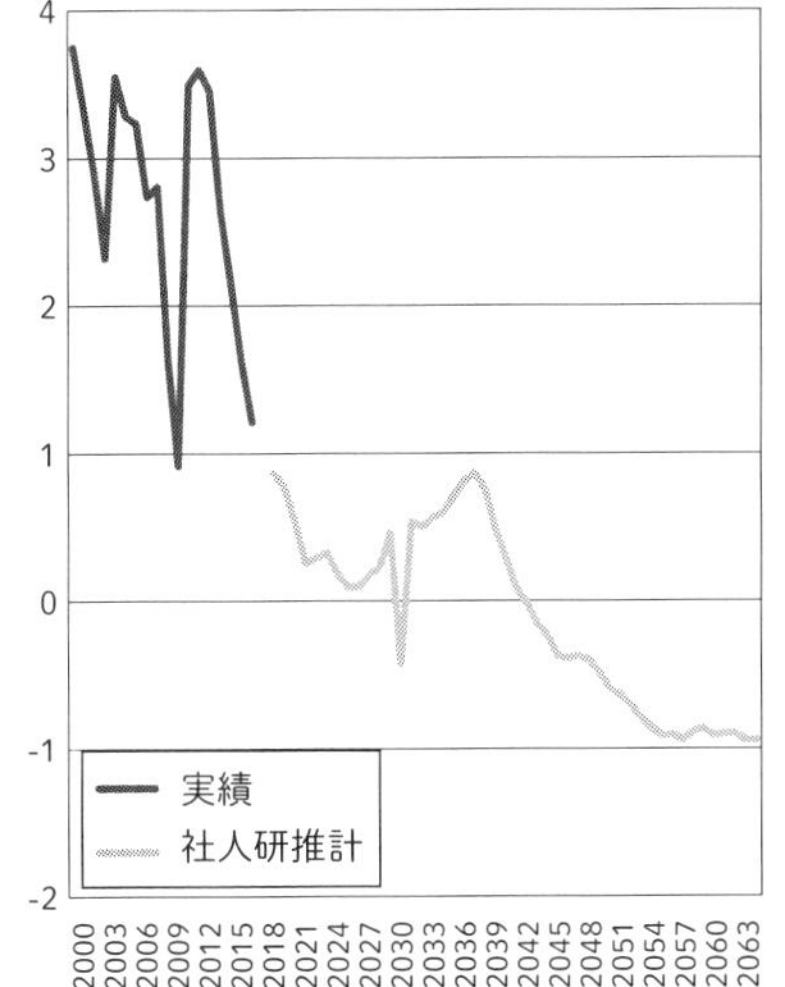

図27　65歳以上人口伸び率
（データ出所：総務省、国立社会保障人口問題研究所）

けではありません。そして、65歳以上の人口伸び率は今後は下がる傾向にあることから、２０２０年代は社会保障給付も伸びにくくなり、全体で見ると世の中で言われているほど膨張することはないでしょう。

つまり、社会保障改革は必要ですが、今すぐに膨張するわけではありませんので、経済の好循環を遮るような政策は焦ってやるべきではありません。

既に触れたように、アメリカの主流派経済学者の見方によると、日本の最大の問題は長期停滞であり、こういう時は財政を出してまず経済を正常化させることを何より最優先すべきなのです。「財政を出す」というと、日本は世界最大の債務国であり、膨大な借金を抱えているのだから、財政を出すよりもむしろ財政の健全化を重視しなければならないと反対する人も少なくありません。

しかし、長期金利よりも名目経済成長率が高い状況であれば、財政を出すリスクは低く、むしろ経済成長率をあげるためにも財政政策が重要になってきます。

今は図28の表からも分かるように、日本企業は貯蓄超過になっています。理由は、新たな事業への投資や賃上げに対して消極的になっているからです。これでは経済成長率は上がりません。このような場合には企業の期待成長率が上がるような、つまり積極的に投資や賃上げを行おうというマインドになるように政府自らが財政を使った政策を行うことが求められます。

バブルの頃は企業の期待成長率は非常に高かったのですが、長期デフレを経験する中でそれは低下し、それはアベノミクスによって円安・株高となった今日でも十分上がっていません。企業がお金を使わないとすれば、経済成長率に政府が呼び水としてお金を使うしかないというのが今の状況です。

■「いつか元に戻るのでは」という不安の払拭を

それにしてもなぜこれほど企業の期待成長率が上がらず、企業は稼いだお金を単に溜め込んでいるのでしょうか。私は仕事柄全国の経営者とお会いする機会が多いのですが、経営者の実感は次のようなものです。

「今はたまたまアベノミクスで少し景気が良くなってきたが、アベノミクスも未来永劫続くわけではないし、いつか元に戻るのでは」

ここにも日本が長期にわたってデフレを放

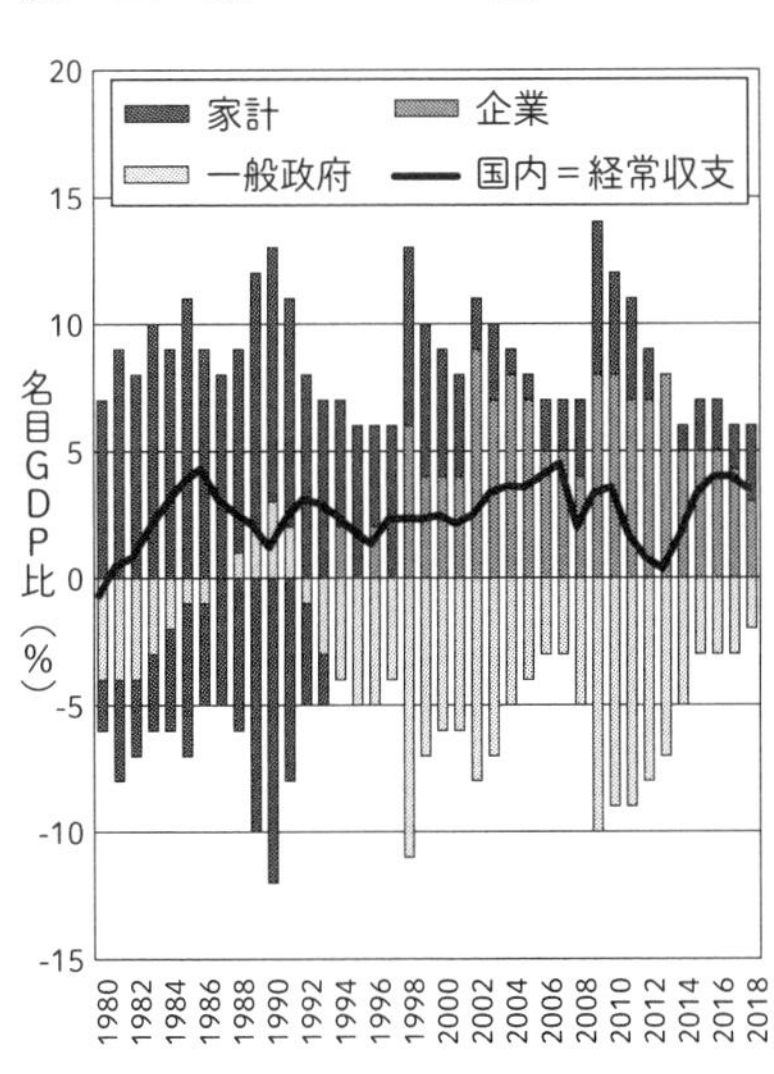

図28　国内ISバランスの推移
（データ出所：日銀）

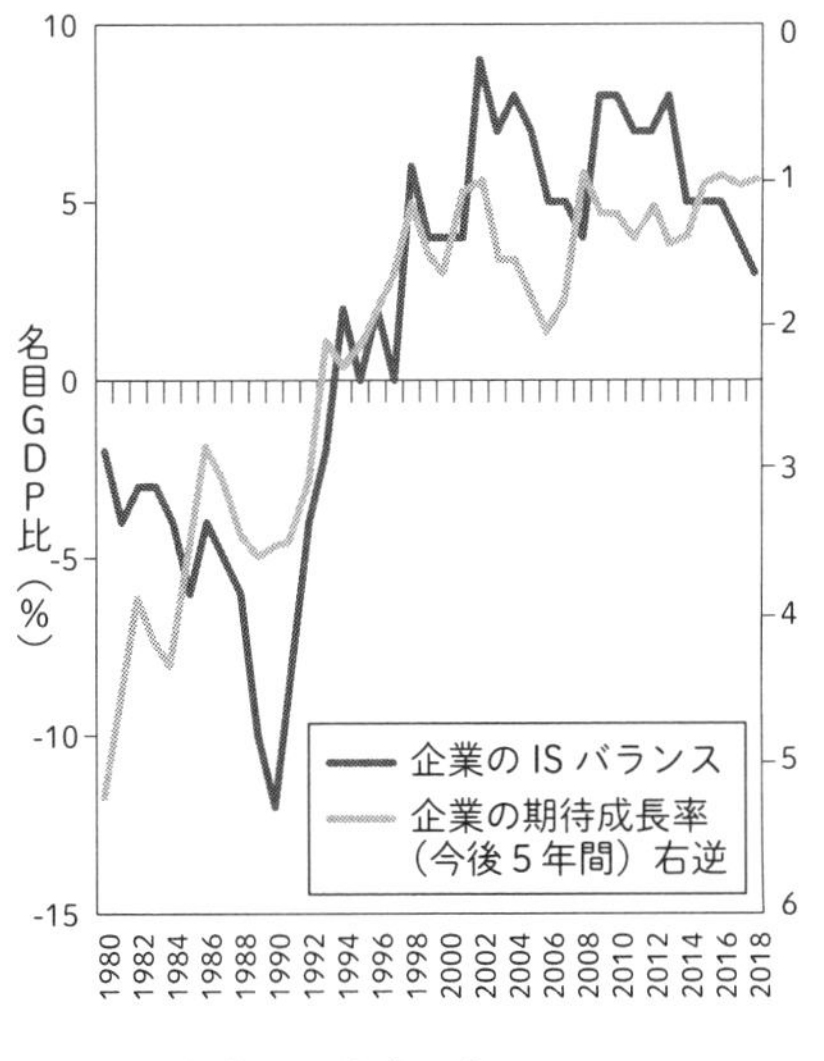

図29　企業の期待成長率とＩＳバランス
（データ出所：日銀、内閣府）

置した影響が表れています。家庭もそうですが、特に企業の場合、あまりに長いデフレを経験したため経済が成長することへの期待が薄れ、少し景気が良くなった今でも「また景気が悪くなったら困るから」という守りの姿勢から抜け出すことができずにいるのです。

アマゾンの創業者ジェフ・ベゾスは「黒字を出し続けるというのは投資家にとって我々が良い仕事をしていないことを意味する」とし、時には赤字を計上してでも積極的な投資をしなければ企業は成長しないと語っています。つまり、企業にとって「貯蓄超過」は決して好ましいことではありません。経済の成長を促すためにも、政府には企業の期待成長率を高めるような政策が求められているのです。

また、「プライマリーバランスの黒字化」を何より重視する日本の主流派は、名目成長率が長期金利を上回ることは長期的にはあり得ないと主張していますが、これは間違っています。

たしかにマクロ経済学の最適成長理論によると、最適成長を満たす場合は長期金利は名目成長率を上回らなければいけませんが、ここで言う長期金利は国債だけでなく、民間企業の発行する社債なども含むトータルの利回りであり、財政再建に関わる長期国債の利回りは、リスクプレミアムの分だけ民間の長期社債の利回りよりも低くなります。そのため、経済理論によって、民間の金利が成長率よりも高いからと言って、国債金利の方が成長率よりも高くなるとは必ずしも言うことはできません。

しかも最適成長理論は完全雇用が前提となっていますが、今日の日本はそもそも完全雇用にはなっていませんから、経済が正常化する前は政府が財政を出す方が経済合理性が高いのです。

5-4 「第三の矢」民間投資を促す成長戦略

アベノミクスに対する評価の中で最も厳しい目が向けられているのが、第三の矢である「民間投資を促す成長戦略」です。

これについては「何もできていない」と酷評する人もいますが、ここで見るべきはどのような企業や産業が生まれたかではなく、アベノミクスによって国内のビジネス環境がどのように変わってきたかです。

安倍首相が言っていたのは「日本を世界で最もビジネスがしやすい国にする」というものです。民主党政権下の日本では、産業の六重苦と言われていました。日本のビジネス環境があまりに悪いので、企業が外に出てしまい、産業の空洞化が進むことになるという危機感がそこにはありました。

六重苦というのは「超円高」「高い法人実効税率」「経済連携協定の遅れ」「高い電力価格」「厳

しい労働規制」「厳しい環境規制」の６つですが、これらがアベノミクスによってどのように変わったかを見ていくことにします。

超円高

現在、円は対米ドルで１００円台後半で取引されていますが、アベノミクス以前の２０１１年10月後半には今も破られていない75円32銭という最高値を記録しています。これでは輸出企業にとってはたまったものではありません。日本でものをつくることは不可能ではないかと思わせるほどの極端な円高は是正されています。

高い法人実効税率

アベノミクス以前の法人税率は38％超と、主要国の中ではアメリカの40％超に次ぐ高い水準にありました。法人税が高いと企業誘致は上手くいきません。

経済がグローバル化した今日では、世界中でビジネスを展開している企業は、最も活動がしやすく、コストパフォーマンスの良い国に拠点を置きます。ヨーロッパやアメリカでもそうですが、たとえばイケアがそうであるようにスウェーデンで誕生した国だからといつまでもスウェーデンに本社を置く必要はありません。大切なのは、自社にとってどの国がベストかということだけです。

国の経済を良くするためには、優良な企業の存在は不可欠です。そのためには、日本で誕生した優良企業の海外流出を防ぎ、逆に海外からどんどん優良企業に進出してもらわなくてはなりませんが、その際のネックの一つが高すぎる法人税率でした。

そこで安倍首相は、法人税率の引き下げを実施します。

しばしば法人税率を下げると税収が減り、財政に悪影響が出るからと反対する人がいますが、現実にはヨーロッパ各国の税率の平均値と法人税収のGDP比などを見ると、法人税率を下げると税収が伸びるという関係が見てとれます。

実際、現在の法人税率は29・74％と、アベノミクス前に比べて8％以上も引き下げられ、ドイツ並みの水準まで来ています。

その意味では「ビジネスをやりやすい環境」に近づきつつあると言えますが、期待ほどにはその効果は出ていません。理由は、ここでもデフレマインドです。

法人税率を下げたことでたしかに企業の収益は改善されたものの、それが設備投資や賃金の引き上げにつながるのではなく、企業の内部留保に回ってしまって、他の国よりも効果は出ませんでした。

そこで、今後は前向きにお金を使った企業に優先的に減税しようということで考えられたものの一つが2020年4月にスタートする「オープンイノベーション促進税制」です。これは大企業とスタートアップ企業の協業を促そうというもので、大企業が設立10年未満の非上場企業に10億円以上を出資した場合、出資額の25％相当を所得金額から差し引いて税負担を軽くしようというものです。

法人税率を引き下げるだけでは企業が前向きにお金を使わないとしたら、前向きなお金を使ったら得をする仕組みを取り入れることで企業にもっと積極的に投資を行い、成長してほしいという期待が込められています。

高い法人実効税率の是正に関してはそれなりに実現はしたものの、その先の企業の成長や投資につなげるという点では道半ばというところです。

経済連携協定の遅れ

アベノミクスの金融政策はアメリカで成功した積極的金融緩和を参考にしたもので、極端な円高・株安の是正などには大きな役割を果たしましたが、さらに大きな効果を発揮するうえで欠かせなかったのが通商政策の見直しです。

アベノミクス前の２０１２年６月時点で日中韓、それにアメリカとＥＵの貿易額に占める「ＦＴＡ／ＥＰＡのカバー率」は「発効・署名済み」で日本は最下位でした。交渉中のものを含めても、あれだけ保護貿易主義が色濃いといわれる中国と変わらない水準にとどまっていて、極めて遅れていると言わざるを得ない状況でした。

一方、アメリカはリーマンショック後に積極的に経済連携協定を推進しています。関税があると、アメリカ国内で生産せず現地に工場を建てた方が得だという判断のもと、製造業の海外流出が進み、国内の空洞化が進んでしまいます。そこで関税を撤廃する通商協定を結び流出を抑える必要がありました。

では、日本の場合はどうかというと、アベノミクス以前にはまったくといっていいほど進んでおらず、多くの日本企業はこぞってタイに進出しました。タイは経済連携協定大国で、非常に多くの国と協定を結んでいるからです。もちろん、タイで作って輸出すれば関税はかかりません。

このように経済連携協定が進んでいるかどうかは、企業が生産拠点をどこに置くかに大きな影響を与えます。日本での経済連携協定の締結が進まないことは、企業の海外進出を加速させるばかりか、日本に進出する企業の減少も意味するのです。

幸いにしてアベノミクスにおいては経済連携協定を積極的に進めたことで、図30の通り「発行済み・署名済み」ではアメリカと変わらない水準にまで来ていますし、「交渉中」のものも含めれば韓国と並ぶところまで来ています。

まだ東南アジアやインドなど交渉中のと

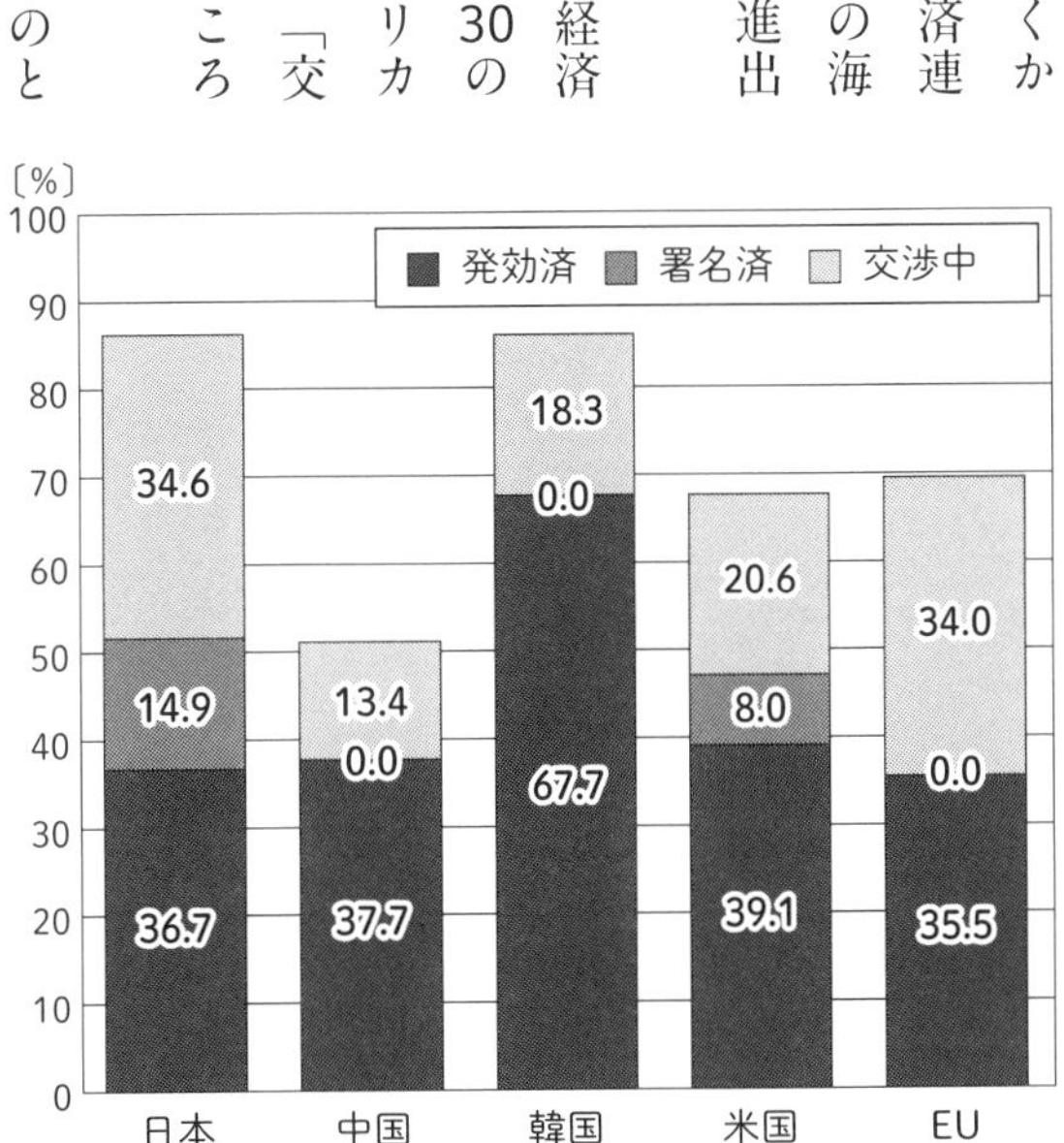

図30 主要国のFTAカバー率（2019年3月）
（データ出所：経産省）

ころが多く、道半ばではありますが、このまま進めてもらいたいところです。

高い電力価格

六重苦のうちの３つはかなり改善されましたが、まったくといっていいほど進んでいないのが高すぎる電力価格です。

なぜ高いかというと、天然ガスをもっと安く調達できるにもかかわらず、それができていないからです。図31の表を見れば分かるように、シェール革命（地中深くの硬いシェール層に含まれている原油天然ガスの採掘技術が確立し、米国の天然ガス・原油生産が爆発的に増えたこと）以前は天然ガス価格の日米欧の差はあまりありませんでしたが、以後はアメリカが低くなっています。

アメリカにおいて、製造業の国内回帰が進んでいる理由の一つにはシェール革命を挙げることができますが、そもそも資源を持たない日本ではそれは難しいことです。では、同じように自前での調達ができない日本とヨーロッパの差はどこにあるのでしょうか？

ヨーロッパは日本に比べてロシアや中東との距離も近く、輸送コストの差はたしかにありますが、

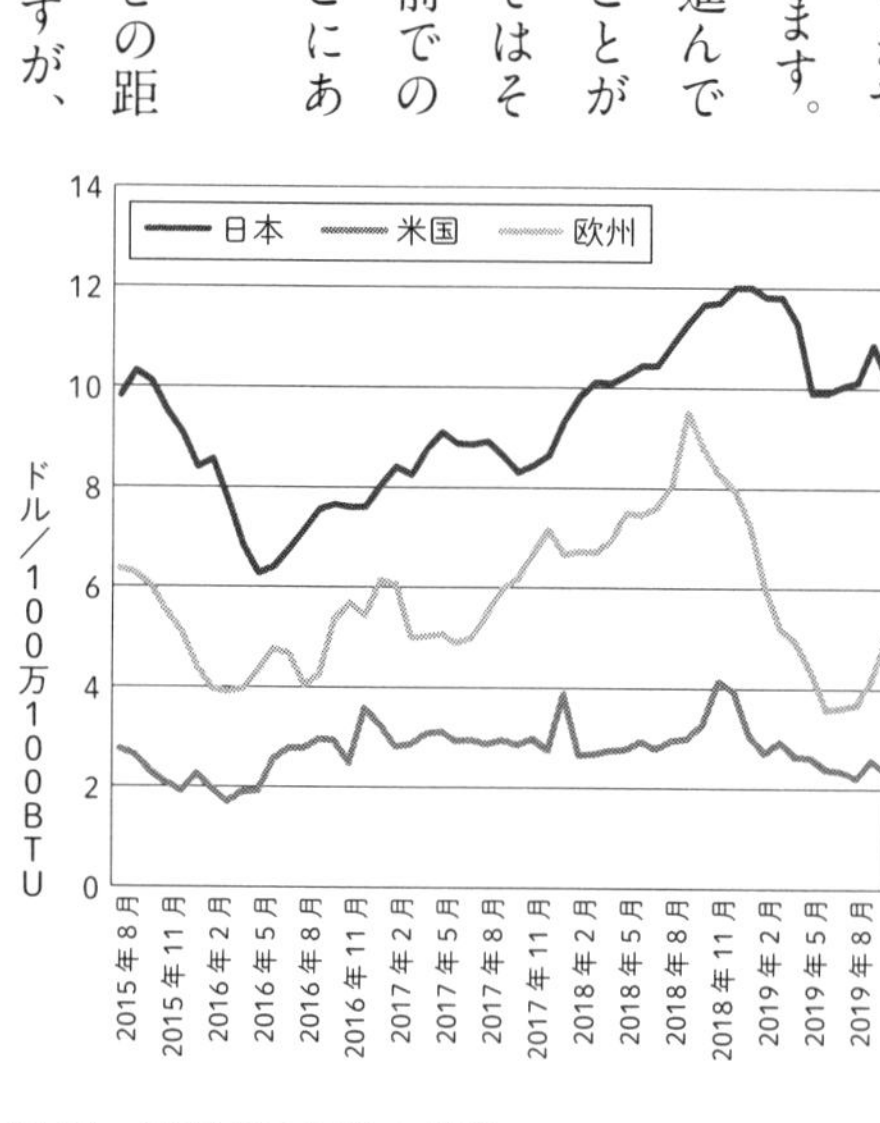

図31　天然ガス価格の推移
（データ出所：世界銀行）

最近はそれ以上にヨーロッパは天然ガスの価格が大きく下がって、日本は下がっていません。

理由はアメリカやオーストラリアで相次いで大型プロジェクトが稼働して世界的な供給増になり、アメリカでだぶついたシェールガスをヨーロッパに大量に輸入しているためです。ヨーロッパの貯蔵能力は日本の10倍以上もあり、各国に地下の貯蔵設備が整備され、安い時期に買って需要期の冬に使うサイクルが定着していますが、そのお陰でヨーロッパは100万BTU当たり3ドル台後半と2018年秋に比べて半値以下で購入できるようになっています。

その背景には、供給増と並んでアメリカがヨーロッパへのロシアからの輸入を抑制するために安価に大量に供給しているという事情もありますが、それを考慮してもあまりに大きな価格差は日本の電気料金の高さを考えると是正したいものの1つです。

では、日本はなぜ電気料金が下がらないかというと、2011年3月の東日本大震災によって、国内の原子力発電所のほとんどが稼働できなくなったことが影響しています。そのため、日本では液化天然ガスを輸入して火力発電所を動かしていますが、日本が天然ガスを輸入しないと経済が立ち行かなくなることを知る輸出国から言わば足元を見られて高値で契約してしまっているのです。

シェール革命によってアメリカだけでなくヨーロッパの輸入価格が大幅に下がっている以上、日本の輸入価格も下げることができるはずですし、価格が下がれば電気料金も今よりも下げる余地があるはずです。電気料金を下げることができれば、企業の六重苦の一つが改善します。ここは、アベノミクスの第三の矢を確実なものにするためにも、オールジャパンでの交渉力が必要になってくるでしょう。

厳しい労働規制

日本では欧米と違って、企業が労働者を簡単には解雇できません。事業が厳しくなり、やむを得ず整理解雇をしなければならない場合でも、「整理解雇の必要性」「解雇回避義務を尽くした」「人選の公正さ」「説明・協力義務を果たした」といった要件をクリアする必要があります。

条件をクリアしていない場合、「解雇無効」となることもあり、企業にとって正社員を解雇するというのはかなりハードルの高いものとなっています。これでは企業にとって正社員を増やすことも難しく、賃金を上げることもためらわれます。一旦人を雇った以上、終身雇用で簡単には辞めさせられないとなると、人は「コスト」となり、できることなら正社員の賃金は上げたくないし、正社員以外の非正規社員を増やすのも企業にとって仕方のないことなのです。

最近では、残業を規制する働き方改革などをやっていますが、肝心の解雇規制についてはアベノミクスでも全然踏み込めていません。むしろ働き方改革によって働きたい人が働けなくなり、残業代が減って住宅ローンが返せなくなるなどの悪影響も出ています。

やはり、労働規制の本丸は解雇規制です。長く終身雇用を続けてきた日本では反対意見もあって踏み込めないのかもしれませんが、賃金を増やすためには避けて通れないテーマです。

日本の労働市場の青写真はスウェーデンと言われており、スウェーデンは高負担高福祉ですが、解雇規制は緩く比較的簡単に解雇できる一方で、手厚い再就職の支援があります。そのため解雇されても、本人のやる気があれば再雇用の道も開けやすい環境にあります。

終身雇用では、賃金を上げると長期的な負担増につながります。つまり、賃金を上げやすくするためには解雇規制の緩和が欠かせません。解雇規制と同時に再就職の支援を積極的に行うことで労働市場の流動性を高めれば、企業も賃金を高くしないと良い人材を確保できなくなり、賃金そのものも上昇します。

「解雇規制の緩和」というと、受けが良くないため、今は「緩和」よりも「金銭による解決」といった策が検討されているだけですが、もっと本質的な議論を行わないと企業の六重苦の解決にはつながりません。

なお、解雇規制とは違いますが、ここにきて急に浮上してきた就職氷河期世代の就職支援の中でも政府・自治体の直接雇用はMMTが提唱する就職支援プログラムに近いものになり、どのような効果が出るか今後注視したいところです。

厳しい環境規制

アベノミクス以前には、2009年9月の気候変動首脳会議で当時の鳩山由紀夫首相が述べた鳩山イニシアチブという厳しい環境規制がありましたが、自公政権になって以降はこの規制が緩和されたため、この言葉自体聞かれなくなっています。

最近、話題となったのは世界から日本に向けられている「石炭火力を減らせ」という意見です。

私自身は「増やせ」とまでは言いませんが、日本の石炭火力技術は世界トップレベルにあるうえ、発展途上国の中には石炭火力でないと発電できない国もあります。むしろこれらの国々に日本の技術を輸出することで、環境対策に貢献する方がいいのではと考えています。

ここまでアベノミクスの第一の矢から第二の矢、第三の矢とその効果を見てきました。第一の矢に関してはほぼやるべきことはやっており、かなりの効果も出ていると思いますが、第二の矢と第三の矢に関してはまだ道半ばであり、やれることはまだあるというのが現状での評価です。

同時に何度か触れたように、本来ならこれだけのことをやればもっと効果が出るはずなのに期待されるほどの効果が出ていないのは、それ以前の長すぎるデフレが影響しているだけに、今の結果だけを見てアベノミクスの効果を否定する人はあまりに経済の実態を知らなさすぎるのではないでしょうか。

そして、こうも考えることができます。目一杯やってこれなら困りますが、まだ道半ばのものがあるということは、まだまだ成長の余地があるということで、将来に希望がないわけではありません。

むしろ企業が恐れているのは、かつてのデフレ状態に元に戻ったら困るということです。それほどに長期デフレの経験はマインドを委縮させただけに金融緩和は今の状態を維持することが必要ですし、今こそ第二の矢の出番でもあるのです。さらに第三の矢は道半ばのものはさらに歩を進め、六重苦の中でほとんど手つかずの点については早急に手を打つことが求められます。

そうすることで初めて、日本経済は長期停滞を脱して経済が持続的に成長する正常な状態を取り戻すことができるのではないでしょうか。

第6章

日本の財政の誤解

6-1 消費増税の影響

アベノミクスの検証に続いて、本章ではアベノミクスの今後とも関係する日本の財政状態について検証します。

前回の消費増税は時期的に早すぎたことを指摘しました。しかし、今回の消費増税に関しては上げ幅も2％と前回より小さく、軽減税率も導入するし、様々な財政支援も行うということで前回の時よりも影響は大きくないのではという論調がありましたが、2019年12月末あたりからの数字を見ると前回の消費増税よりも大きな影響が出ていることが分かってきました。

図32の「実質家計消費の趨勢と実績」という表を見れば分かるように、過去10年余りで日本の家計には三大ショックがありました。

1つ目が2008年のリーマンショックで、2つ目が2011年の東日本大震災。そして3つ目が2014年4月からの消費増税です。

経済は循環的な動きをするので、趨勢的な動きと実績を比較してみました。すると、グラフのように短期的な落ち込みという点ではリーマンショックが一番大きかったのですが、起きてから2年後には趨勢を上回るところに戻ってきています。

東日本大震災の時も起きた時の影響は一番大きいのですが、これも起きてから1年で趨勢を上回るところに戻っています。

しかし、消費増税の場合は短期的な落ち込みはリーマンショックや東日本大震災ほどではありませんでしたが、元のトレンドに戻るのに3年もかかっています。

リーマンショックや東日本大震災というのはいずれも「100年に一度」と言われるほどの大きな出来事でしたがそれでも1年、2年と経つうちに回復しているのに対し、何年かに一度実施され、かつ早い時期からその実行が告知されていたはずの消費増税の方が回復にははるかに長い時間を要しています。これだけを見ても家計にとって消費増税の影響がいかに大きいかがよく分かります。

さらに重要なのは、リーマンショックの時も東日本大震災の時も趨勢が上昇トレンドを維持し

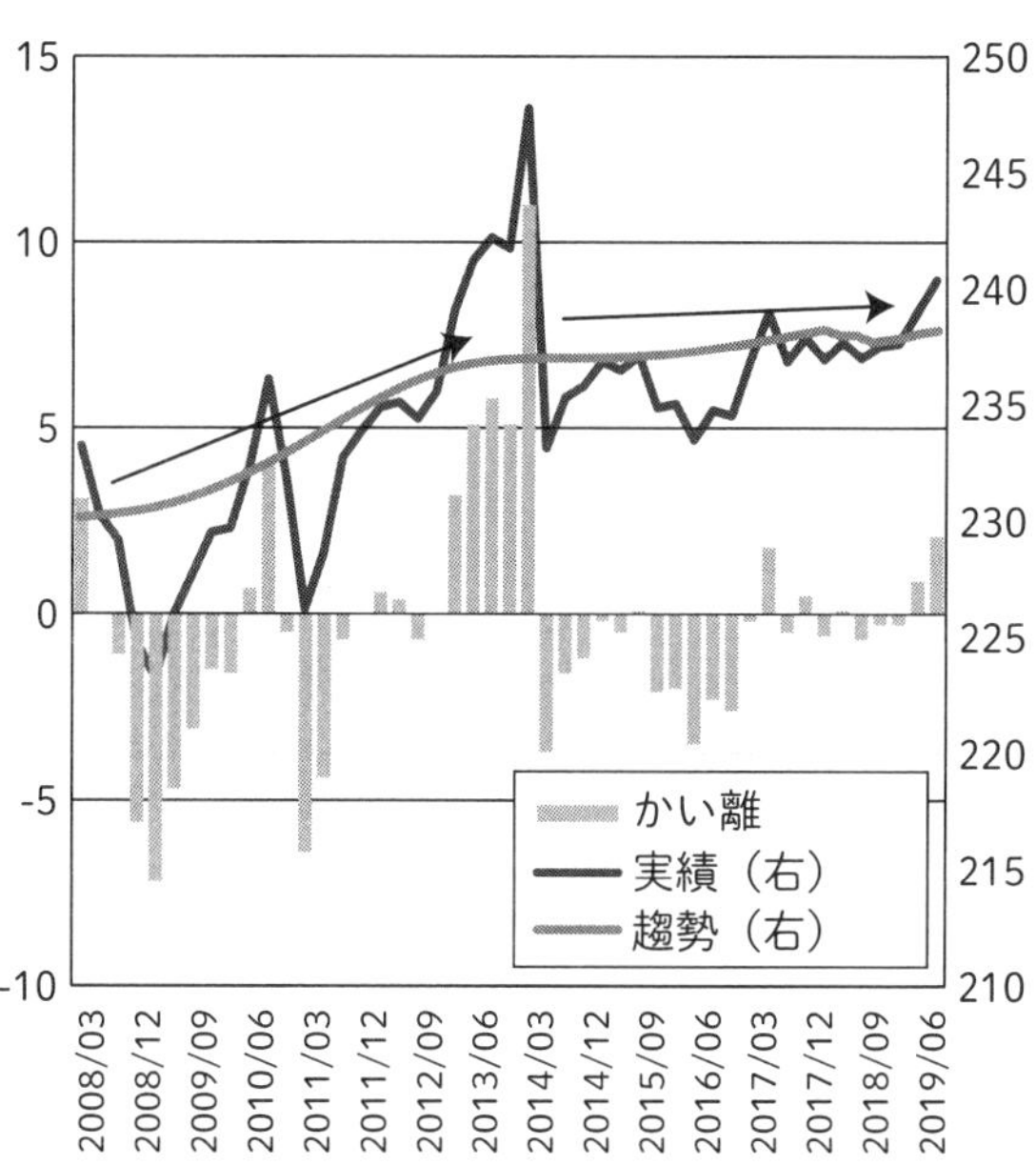

図32　実質家計消費の趨勢と実績（兆円）
（データ出所：内閣府資料を基に作成）

ていたのに対し、消費増税の後は横ばいになっています。つまり、実力自体が下方傾向にあるということです。

ヨーロッパなどでは消費税を上げても、これほどの影響は出ません。しかし、日本の場合は影響が長期化する傾向にあります。理由は日本が長期にわたるデフレという経済の病気から治っていないからです。

企業マインドもそうですが、なぜ消費者マインドが戻らないかというと、日本では「逆ラチェット効果」が働いているからと考えます。「ラチェット効果」とは、人々の消費行動に関してしばしば見られるもので、所得水準が低下しても、過去の最も高かった所得の時の生活水準を急に下げることができず、消費支出がそれほど低下しない現象のことを指しています。

日本でもバブル景気の時にいい思いをした人は、バブルの崩壊によって収入が下がってもすぐには生活水準を下げることができませんでしたし、今でも「バブルの頃は」と当時を懐かしみ、デフレ時代しか知らない人とは金銭感覚などが少し違っています。このように、人は一旦贅沢な

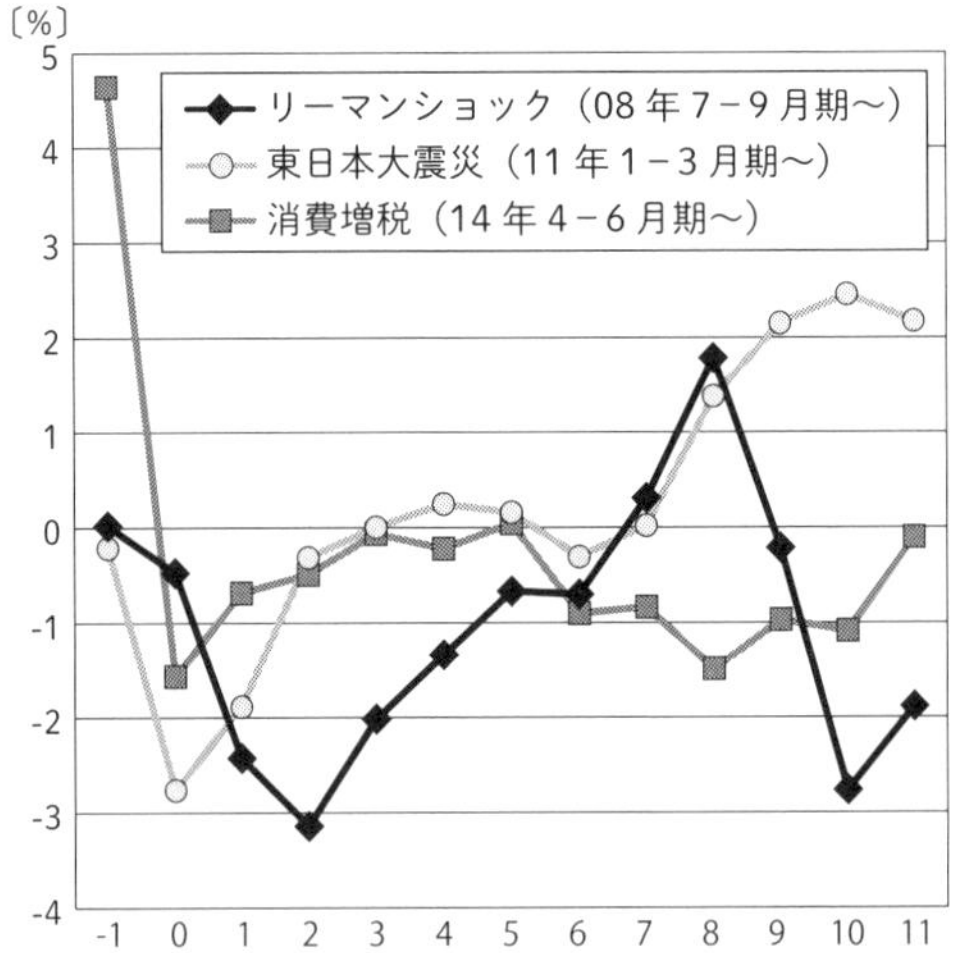
〔%〕
5
4
3
2
1
0
-1
-2
-3
-4
リーマンショック（08年7－9月期～）
東日本大震災（11年1－3月期～）
消費増税（14年4－6月期～）
-1
0
1
2
3
4
5
6
7
8
9
10
11
（四半期）

図33　家計消費の趨勢からの乖離率

暮らしを経験すると収入が減ったからとすぐには生活を切り詰めることができないところがあります。

これに対して日本の「逆ラチェット効果」とは、日本人の節約志向が元々強く、消費税が上がるとなると、「安い時に買っておこう」と駆け込み需要が生まれやすいのですが、そのあとは一気に節約モードに入ります。そして一旦、節約を経験すると、「このくらいの支出で生活できるんだ」などとなってしまい、たとえ収入が増えたとしても簡単には元の状態には戻らなくなってしまいます。そこに「老後資金2000万円問題」のような将来不安なども重なると、ますますお金を使わなくなってしまいます。

そのため、消費増税の際の節約が長期化することになるだけでなく、節約した生活が定着することになってしまうのです。だからこそ消費増税は経済が正常化した時にやらないと、マインドを長期的に委縮させてしまう怖さがあります。

日本経済が陥った長期間のデフレの一番の問題は、収入が減ったことです。高度成長期になぜ日本人があれほど頑張ることができたかというと、たしかに滅茶苦茶忙しいけれども、その分地位も上がったし、収入も増えたからです。ところが、長期のデフレに陥ってしまうとどんなに頑張っても経済的恩恵を受けにくくなってしまいます。これでは「もっとがんばろう」とは思えませんし、お金を使おうという気持ちにもなれません。

頑張れば経済的恩恵が受けられるなら前向きな考えができますが、そうでないとどうしても後ろ向きになってしまいます。日本はアベノミクスによって一時の最悪の状況は脱しましたが、まだ頑張った人が報われるところまでは十分いっていません。マインドが後ろ向きの時には、消費増税の影響は思いのほか大きなものとなるのです。

日本経済がまだ完全には回復していないことは図34のGDPギャップのグラフを見ても明らかです。GDPギャップとは「国の経済全体の総需要と供給力の乖離」のことです。プラスの場合（総供給より総需要が多い場合）は、インフレギャップと呼び、好況にあり、物価が上昇する要因となりますが、逆にマイナスの場合（総需要より総供給が多い場合）は、デフレギャップと呼び、景気は停滞しており、物価が下落する要因となります。

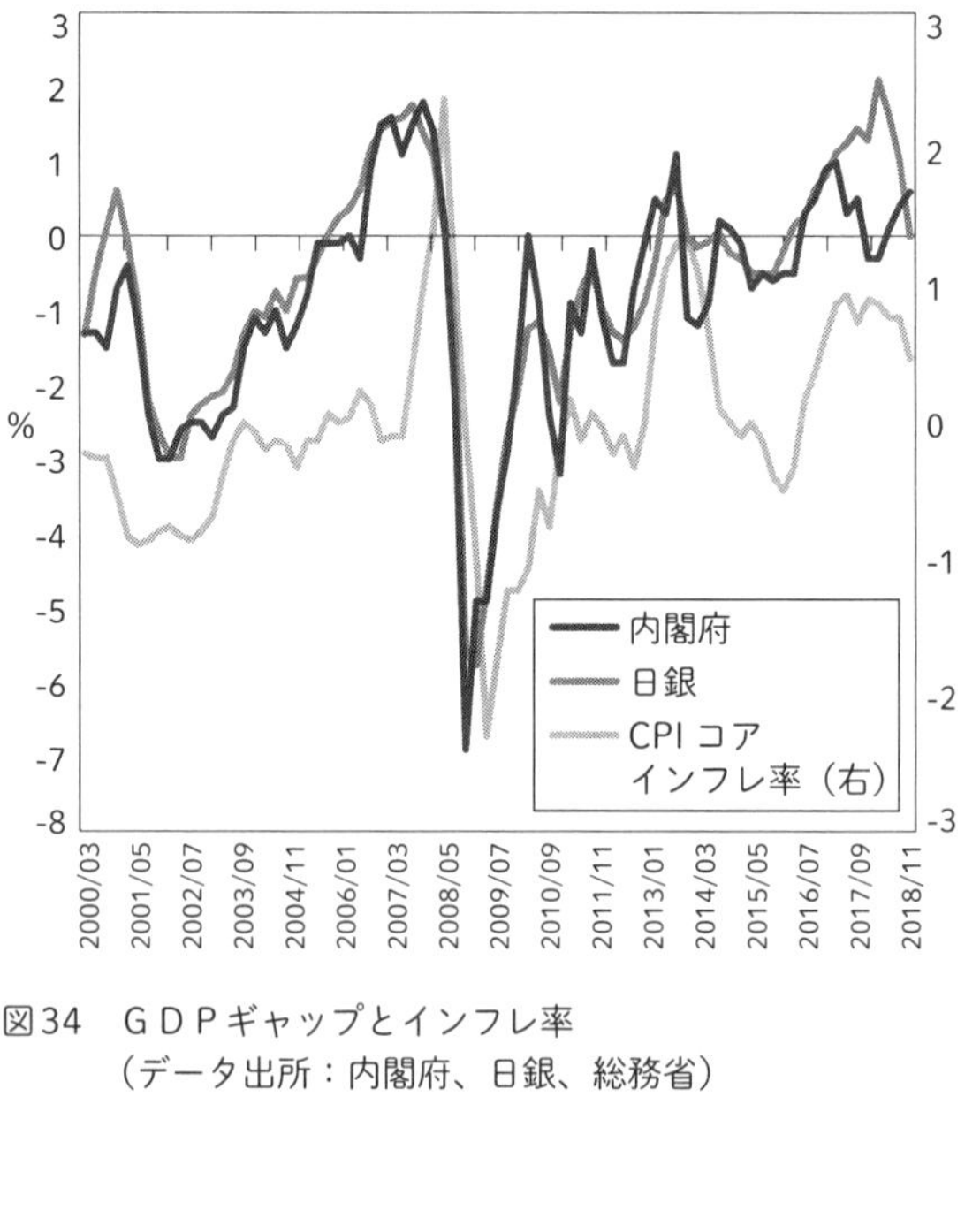

図34　GDPギャップとインフレ率
（データ出所：内閣府、日銀、総務省）

日本の長期デフレの要因の一つは、バブルの崩壊によって需要の急激な減少が起きたことですが、アベノミクスによって最悪の状態は脱しています。では、需要が伸びてGDPギャップがプラスに転じているかというと、そうではありません。たしかに日銀や内閣府の数字はプラスになっていますが、信頼性の高いＩＭＦの数字はまだマイナスとなっています。経済が正常化していれば、たしかに消費増税の影響はあまり大きくありません。このようなまだ完全に回復していない今の状況だと消費増税の影響は大きく、避けることができません。

6-2
緊縮財政が経済に及ぼす影響

今回の消費増税は財政の健全化に向けた取り組みの一つですが、日本はこうした緊縮財政の悪影響が出やすい状況にあります。

１９９０年代の欧米諸国では緊縮財政によって経済が回復したことで「非ケインズ効果」と言われました。

通常のケインズ経済学では、不況時の財政支出拡大や減税が景気を刺激するのと反対に財政の引き締めは民間の消費などにも悪影響を及ぼし、ＧＤＰの押し下げ圧力が高まると考えられていますが、「非ケインズ効果」においては財政の引き締め策がむしろ民間の消費などを拡大させ、

ＧＤＰの落ち込みを防ぐといいます。

なぜ緊縮財政をしたにもかかわらず経済が回復するのでしょうか？

理屈が次の通りです。

景気を良くしようと国債を発行して一時的に減税などの財政支出を行ったとしても、「いずれその穴埋めに増税が行われる」と人々が予想すると現在の消費が伸びないのに対し、財政を引き締めることによって将来への不安がなくなると、人々は安心してお金を使うようになる、というのです。

つまり、緊縮財政をすることで人々の将来の不安が軽減されて、消費者が支出に前向きになり、結果的に景気が回復したという理屈ですが、これは明らかな嘘です。もしそうなら日本も支出が増えるはずなのに一向に増えていません。

欧米の景気回復には、実は金利が影響しています。90年代は金利が大幅に下がっていますが、そこには緊縮財政も影響しています。財政支出を抑えて財政を健全化させれば、国債の需給が緩くなり、金利が下がります。緊縮財政自体は経済にはマイナスですが、金利が下がることによってお金が借りやすくなり、そのお金が設備投資などに向かうことで景気が回復したというのが当時の状況です。

大量の国債を発行すると、それによって民間の金利が上昇して、民間の資金需要が抑制されるのが「クラウディングアウト」ですが、ここでは国債の発行が抑えられたことで民間の金利が下がり、民間の資金需要が増えるという「クラウディングイン効果」が出たことになります。

では、今の日本はどうなのでしょうか？

当時の欧米諸国のように金利を下げる余地があれば、それも成立しますが、日本のように金利が下がる余地が少ない場合、マイナスがさらにマイナスになると、金融機関の経営や年金運用に影響が出ます。つまり、日本のように金利が低いと、クラウディングイン効果は期待できず、緊縮財政をすると悪影響を受けやすくなりなす。

だからこそ、現在のように金利が低い中では緊縮財政や消費増税は避けた方がいいのです。特に日本の場合、イールドカーブ・コントロールによって金利をコントロールしています。

財政を拡張すると本来、金利が上がるところを日銀が国債を買って抑えてくれますし、緊縮財政で本来金利が下がるところを日銀がコントロールして下がらないようにします。言わば、財政の効果を増幅します。

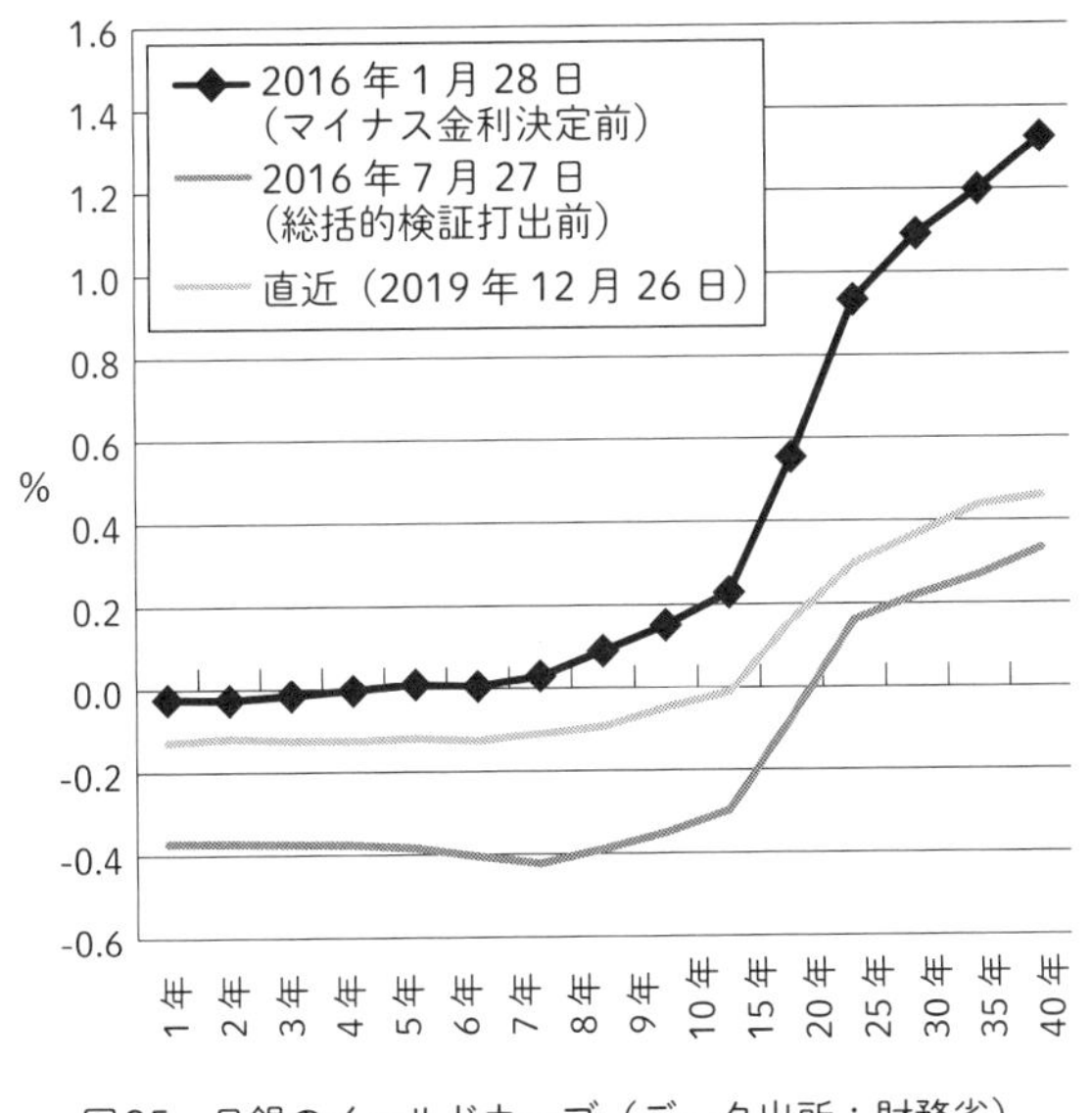

図35　日銀のイールドカーブ（データ出所：財務省）

こうした日本特有の事情があるので、「消費増税など緊縮財政の影響は大きくない」というのは間違った見方です。

■不透明感の高い内外経済

消費増税のタイミングについての懸念材料の1つが、内外の経済情勢が不透明なことがあります。

図36の表から分かるように、アメリカのGDPギャップがプラスに転じてきました。過去の例を見ても分かる通り、アメリカの景気はGDPギャップがプラスになるとしばらくして必ず景気の後退局面に入っています。

先ほども触れたように、GDPギャップがプラスの場合、インフレギャップと呼び、好況で景気が過熱していることを示しています。日本がバブル景気の頃、モノがとても良く売れて「作れば売れる」と言われましたが、プラスということは経済が過熱の

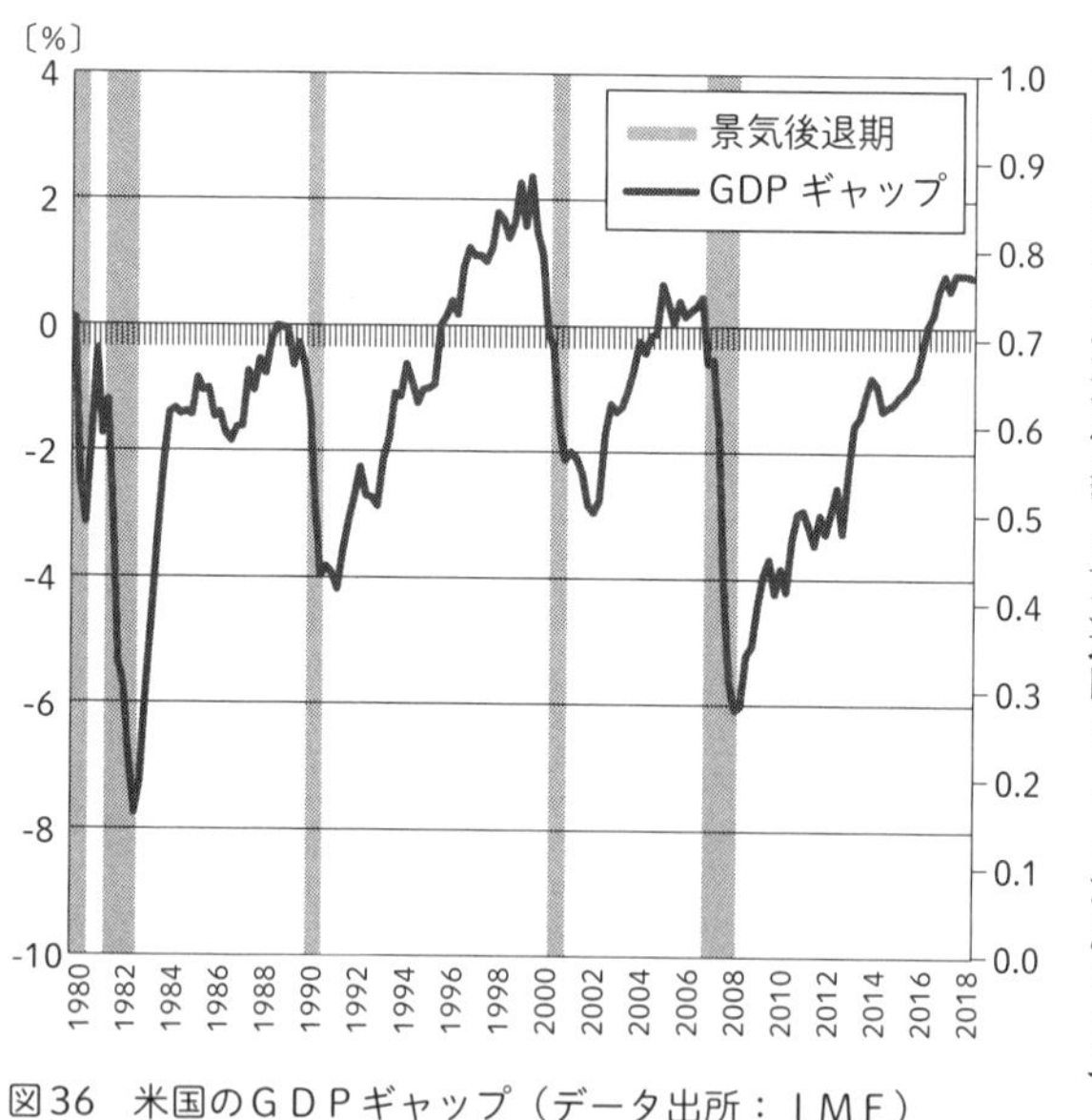

図36　米国のＧＤＰギャップ（データ出所：ＩＭＦ）

状態にあり、物価や賃金、金利が上がるため、ＦＲＢが利上げに踏み切る可能性があります。

それがいき過ぎると景気後退を始めるわけですが、アメリカは今、戦後最長の景気回復を続けており、それがこの先何年も続くことは期待できません。米中摩擦は現在は一息ついたところですが、２０２０年11月の大統領選挙が終ってトランプが再選すれば、米中摩擦が再燃する可能性があります。

あるいは、もしサンダース氏やウォーレン氏のような民主党左派のアンチビジネス候補者が大統領になれば、株価は暴落するでしょう。彼らが掲げている政策は富裕層への増税であり、ＧＡＦＡ（グーグル（Google）、アップル（Apple）、フェースブック（Facebook）、アマゾン（Amazon）の４社のこと）の解体など、いずれも景気に冷や水を浴びせるものばかりです。日本もいつまでもアメリカ頼みではいられず、その時には迅速な財政出動が望まれます。

6-3 プライマリーバランスがすべてではない

様々な懸念がある中でも、あえて消費税の増税に踏み切った理由の一つは、財政の健全化です。

日本はプライマリーバランスの黒字化を目標としており、当初の2020年という目標を25年に先送りしてはいますが、依然として目標は掲げています。

なぜこれほどにプライマリーバランスの黒字化にこだわるのでしょうか?

日本は世界最大の債務国で、膨大な借金を抱えています。そのため将来に対する不安を持ち、財布の紐を堅くする理由ともなっていますし、若い世代にとっては「自分たちは年金をもらえないのではないか」といった不安にもつながっています。

だからこそ財政再建を進め、将来不安を軽減させなければならないとなるわけですが、そもそも「健全な財政状態」とはどういうことなのでしょうか。経済学ではこう定義されます。

「政府部門の借金のGDP比が上がらない状態」

つまり、GDPの規模が拡大するペースより、借金の増えるペースが遅ければ、その国の財政を維持することが可能だと判断されています。

そして、政府債務/GDPを一定にするためには、2つの条件(ドーマー条件)が必要になります。

1、プライマリーバランスがプラスマイナス0。

2、名目成長率と長期金利が同じ水準。

日本の主流派の考え方は、長期的に名目成長率は長期金利を下回るので、1のプライマリーバランスを黒字にしなければならないと主張します。つまり、財政支出の中の利払いを除いた、純粋な意味での国の歳出と歳入が等しくなること、さらに言えば歳入が歳出を上回る状態（黒字化）の必要性を主張しています。

だからといってプライマリーバランスの黒字化がすべてではないことは、日本以外の国のプライマリーバランスを見ればよく分かります。図37のグラフが示しているようにG7中、プライマリーバランスが黒字化しているのはドイツとイタリアのみです。

にもかかわらず他の国で問題が起きていないのは、名目成長率が長期金利を上回っているからです。ましてや最も財政不安が大きいイタリアが黒字なわけですから、本当にプライマリーバランスの黒字化は絶対的に重要なのか、となってしまいます。

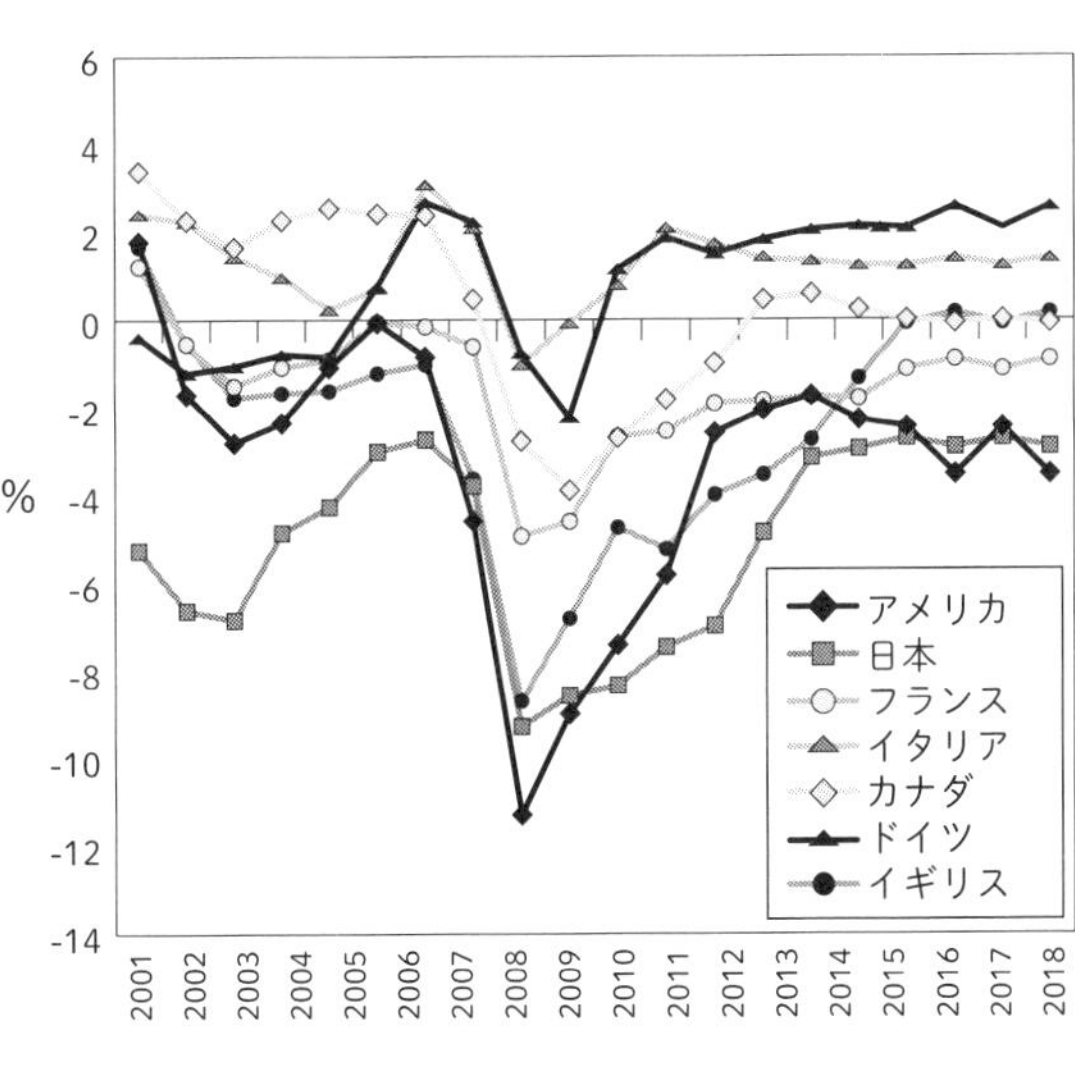

図37　基礎的財政収支／GDP（データ出所：IMF）

6-4
日本の財政リスクは高くない

とはいえ、「日本の財政は危ない」と言う人は少なくありません。その時に使われるのが借金の対GDP比で、日本のように200%を超える国はほかにありません。

しかし、本来はそんな部分的な指標だけで財政の安全性は図れないのです。

個人でも企業でも、借金の額がいくらあるかというだけで危ないかどうかを判断することはありません。借金の額や中身と共に稼ぐ力がどれだけあるのか、あるいは資産はどれだけあるかといった借金と支払い能力のバランスシートを見ないと本当の判断はできません。

国の財政の場合は、政府の純債務（GDP比）に加えて、経常収支（GDP比）や対外純資産の対GDP比、政府債務の対外債務比率なども見ます。

まず、日本の経常収支（GDP比）は黒字が常態化していますから、リスクは高くはありません。

また、どれだけ海外にお金を持っているかという対外純資産の対GDP比は、日本は上から4番目ですが、金額ベースだと世界一です。海外に1000兆円の資産を持っているのに対し、外国人が650兆円の日本の資産を持っていますから、その差は350兆円です。つまり、いざとなれば海外にある資産をすべて引き上げればいいということで、これも安心材料の1つです。

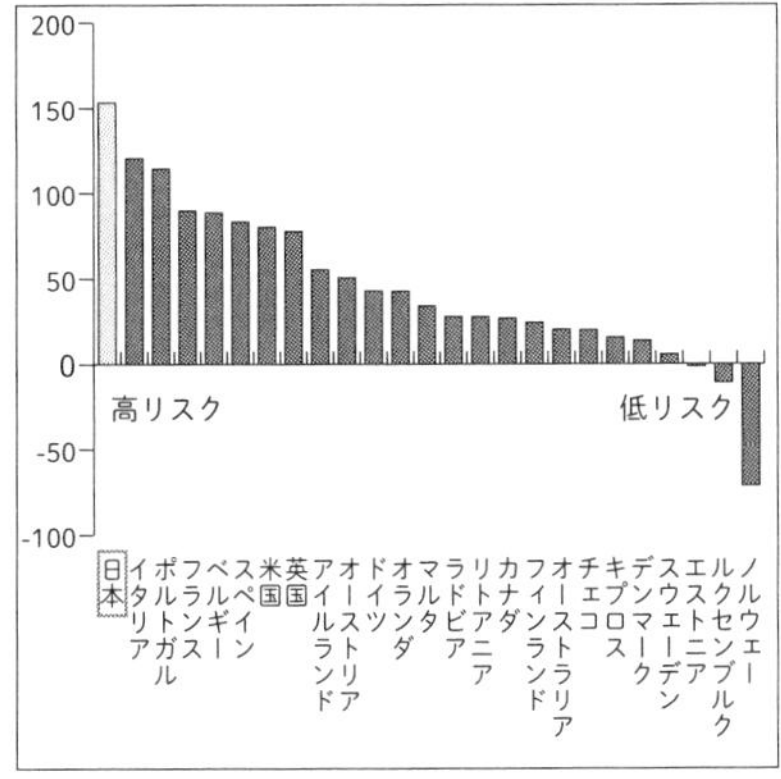

図38-1　一般政府純債務／GDP（%・2018年）（データ出所：IMF）

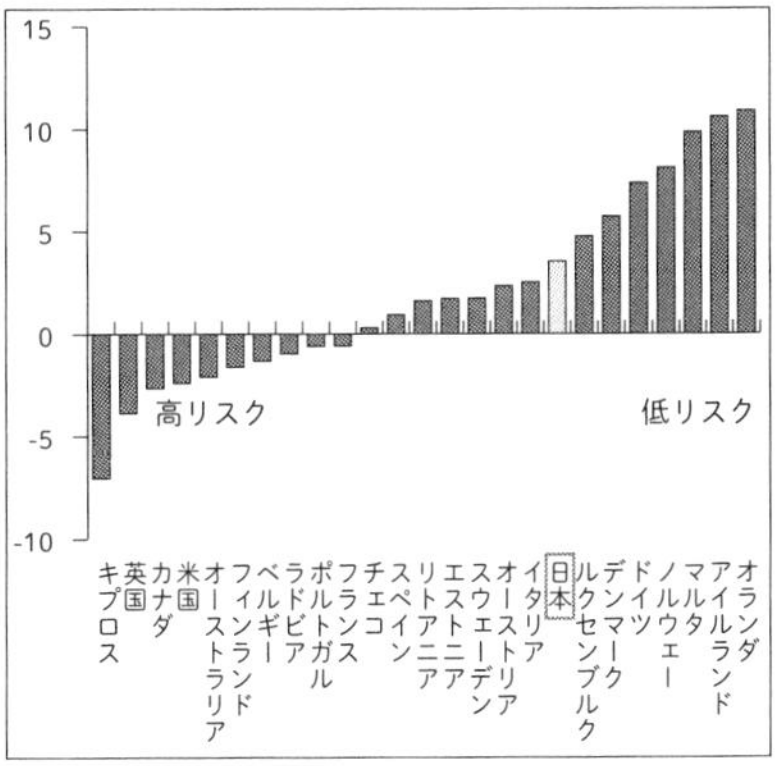

図38-2　経常収支／GDP（%・2018年）（データ出所：IMF）

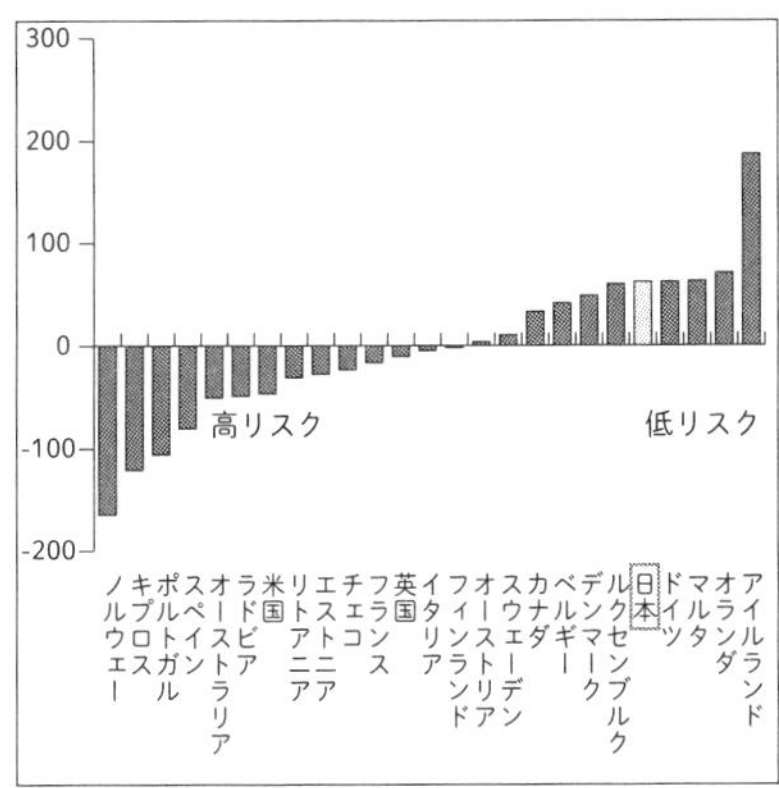

図38-3　対外純資産（債務）／GDP（%・2018年）（データ出所：各国統計より第一生命経済研究所作成）

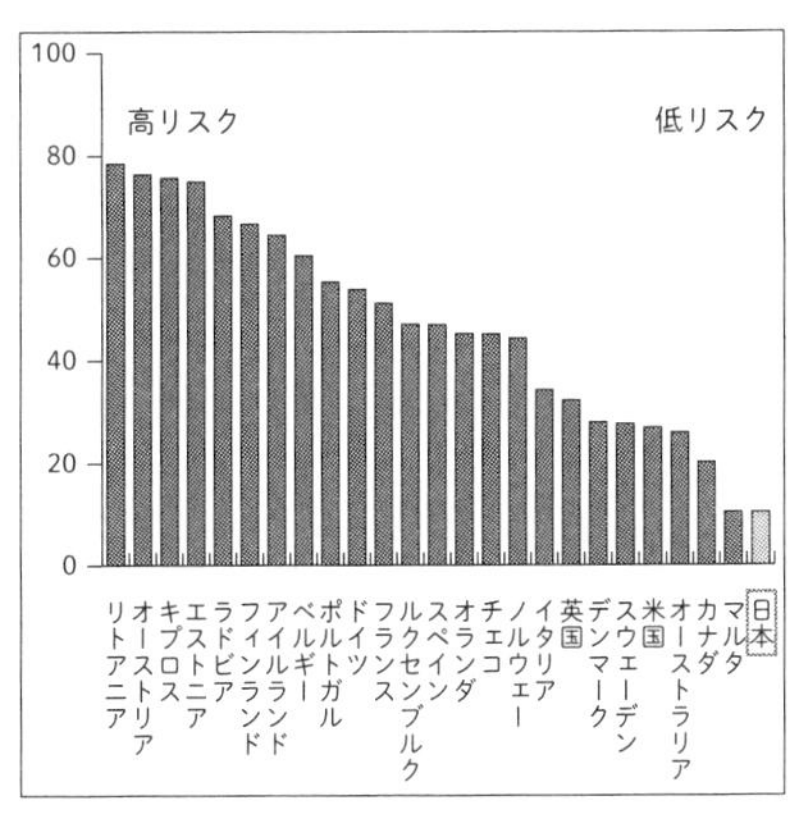

図38-4　一般政府対外債務比率（%・2017年6月末）（データ出所：世界銀行）

さらに、政府の借金を海外からどれだけ借りているかという対外債務比率ですが、外国人から借りているのは10％と一番低い数字です。一方、ギリシャなどは８割が外国人であり、これはいざとなるととてもまずい状態になるのに対し、日本は借金のほとんどが日本人からのものですから、外国人によって引き上げられることを恐れる必要はありません。

つまり、トータルで考えると、日本の財政リスクはさほど高くはないどころか、かなり安心できることがよく分かります。

財務省も本当は分かっている

そしてこのことは何かというと「日本の多額の借金の危うさ」を喧伝する財務省もよく知っています。

２００２年に日本の国債が格下された時に、外国の格付け会社宛てに意見書を出していますが、そこには次のことが書いてあります。

(1)　日米など先進国の自国通貨建て国債のデフォルトは考えられない。デフォルトとしていかなる事態を想定しているのか。

まるでＭＭＴのような論調ですが、これは経済学の常識でもあります。

(2)　格付けは財政状態のみならず、広い経済全体の文脈、特に経済のファンダメンタルズを考慮し、総合的に判断されるべきである。

たとえば、以下の要素をどのように評価しているのか。
マクロ的に見れば、日本は世界最大の貯蓄超過国。
その結果、国債はほとんど国内で、極めて低金利で安定的に消化されている。
日本は世界最大の経常黒字国、債権国であり、外貨準備も世界最高。

(3)　各国間の格付けの整合性に疑問。次のような例はどのように説明されるのか。

1人あたりのGDPが日本の3分の1で、かつ大きな経常赤字国でも、日本より格付けが高い国がある。

1976年のポンド危機とIMF借り入れのわずか2年後に発行された英国の外債や、双子の赤字の持続性が疑問視された1980年代半ばの米国債はAAA格を維持した。

日本国債がシングルAに格下げされれば、日本より経済のファンダメンタルズではるかに格差のある新興市場国と同格付けとなる。

こうしたことは財務省は国内向けには絶対に言わないことですが、実はこれが日本の財政に関する真実なのです。

6-5 想定より高い税収弾性値

消費増税について考えるうえで重要なのが、経済成長と税収の関係です。

「税収弾性値」は、名目成長率が１％上がると、税収はどれだけ上がるのかを表したものですが、政府はこれを「１・１％」としています。

しかし、これは１９８０年以前の経済が安定していた時代の数字であり、直近20年の数字を見ると実際には３％くらいあることが分かります。

なぜこれほど差があるのでしょうか？

80年代以前は法人税を払う企業の割合が安定していましたが、バブル崩壊後は景気が悪くなって、法人税を払わない企業が増えました（法人税は、その法人が赤字の場合は課せられません）。逆に言うと、景気が良くなると税金を払う企業も増えるということを意味しており、つまり景気次第で税収は大きく増えたり減ったりすることになります。

なのになぜ政府は古い数字を使うのでしょうか？

理由は緊縮財政にとって税収弾性値は低い方がありがたいからです。税収弾性値が高いと緊縮財政をした時に景気が悪化して税収も大きく減るため財政健全化が難しくなるのに対し、税収弾性値が低いと緊縮財政にして景気が悪化したとしても税収の減り方を抑えることができるからです。

しかし、現在は税収弾性値も高くなっているので、財政の健全化よりも経済の健全化を優先する方がいいのです。実際、１９９７年の消費税の増税時にたしかに消費税分は増えましたが、それ以上に法人税と所得税が減ったことで税収そのものはむしろ減ってしまいました。今回の消費税の増税についても同じことが起きる恐れがあります。

6-6 欧米はなぜ財政再建に成功したのか？

それにしても、なぜ日本と違って他の先進国は日本ほどには財政が悪化することなく、むしろ財政再建に成功してきたのでしょうか？

図39の表を見れば分かるように、実質成長率だけを比較すれば日本と海外との差はそれほど大きくはありません。何が違うかというと名目成長率です。

小泉政権の時の戦後最長の景気回復は「実感なき経済成長」と言われました。理由は物価の変動率を差し引いた「実質ＧＤＰ」は紆余曲折はありながらも、１９９０年代半ばから右肩上がりのトレンドになっているのに対し、物価変動率を差し引かない「名目ＧＤＰ」はまったく伸びていないどころか著しく低下してしまったのです。

そのためたとえ実質ＧＤＰが伸びて、「経済は成長している」と言われても、豊かさを感じられない状態になってしまったのです。

日本と他の先進国の違いは、物価にあります。経済を正常化させて賃金も上がり、物価も上がる状態にして初めて経済の好循環が始まるだけに、道半ばでの増税はそれを後退させてしまう恐れがあるのです。

このように見てくると、財政を健全化させるためには、プライマリーバランスの黒字化ばかりにこだわるのではなく、名目ＧＤＰを増やす

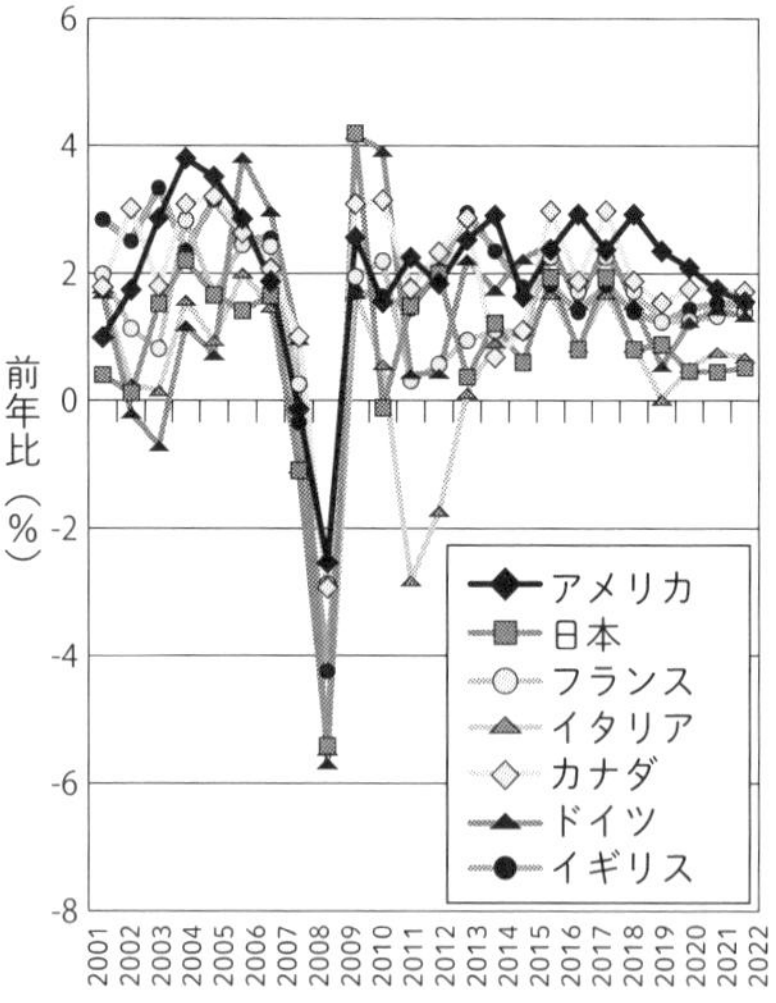

図39　実質成長率（データ出所：IMF）

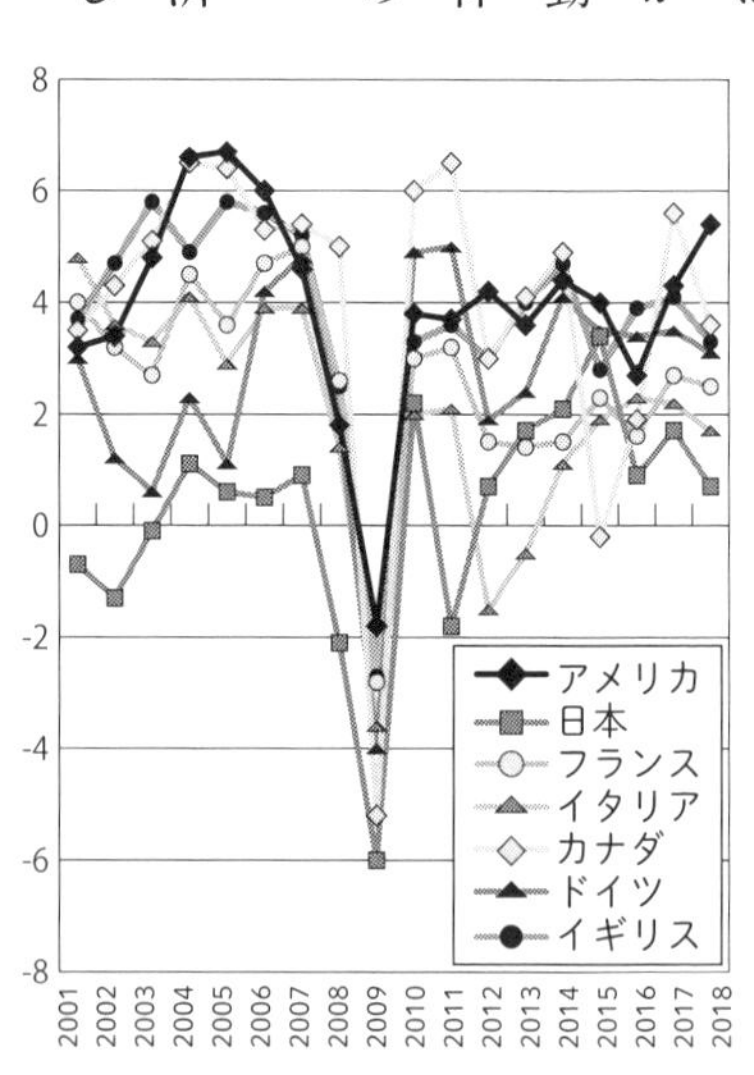

図40　名目成長率（データ出所：IMF）

ことこそがプライマリーバランスの改善に効果的だということが分かります。

プライマリーバランスを改善するためには、増税と歳出削減が有効だと考えがちですが、それに伴って景気が悪くなり、税収まで減ってしまえば、問題の本質的な解決にはつながりません。税収が卵とすれば経済成長は卵を産む鶏であり、あまり増税すると鶏を殺しかねないのです。

それよりも経済が成長して名目ＧＤＰが上昇すれば、自然とプライマリーバランスの赤字幅は小さくなります。そのためには焦って増税や歳出の削減を行うのではなく、バランスの良い景気対策を行って経済成長を促すとともに、デフレから完全に脱却して、物価も賃金も上がる景気の好循環を生みだすことが何より大切なのです。

6-7 財政危機をどう見るか

日本は多額の借金を抱えているだけに、将来の財政破たんを懸念する声があるのも事実です。しかし、過去に財政危機に陥った先進国には1つの特徴があります。

いずれも経常赤字の国、つまり国内でお金が足りない国ばかりなのです。代表的なのがイギリスのＩＭＦ危機（１９７６年）やスウェーデン危機（１９９１〜94年）、イタリア危機（１９９２〜93年）、欧州債務危機（２００９年）などですが、すべてが経常赤字であるのに対し、日本は経常黒字国です。

さらに問題は、どの国もＩＭＦの支援などを受ける条件として緊縮財政を受け入れていますが、やってみたところやり過ぎて鶏を殺してしまう結果になっています。２０００年のギリシャ危機の際もＩＭＦが緊縮策を行ったことで経済が悪化し、世界の経済学者からも批判される形になっているだけに、日本においても経済が正常化する前の増税はとても危険なのです。

とはいえ、将来のことを考えれば、ＭＭＴが主張するように無尽蔵に財政を拡大するわけにはいきません。２０４０年の団塊ジュニア世代が高齢化するまでに社会保障費などをどうするかは今から考えておくべきことです。

必要なのは、まずは経済の正常化を優先させながら社会保障改革を進めていくことです。財政再建というのは増税をメインにすると失敗しやすいと多くの研究者が指摘しているだけに、景気への影響を配慮しながら緩やかな効率化を求めていくことになります。

図42のとおり、海外と比較すればたしかに消費税についても、経済が正常化したらもう少し上げる余地はありますが、最も必要なのは社会保障財政の効率化と言えます。現在、検討されているのは次のようなものです。

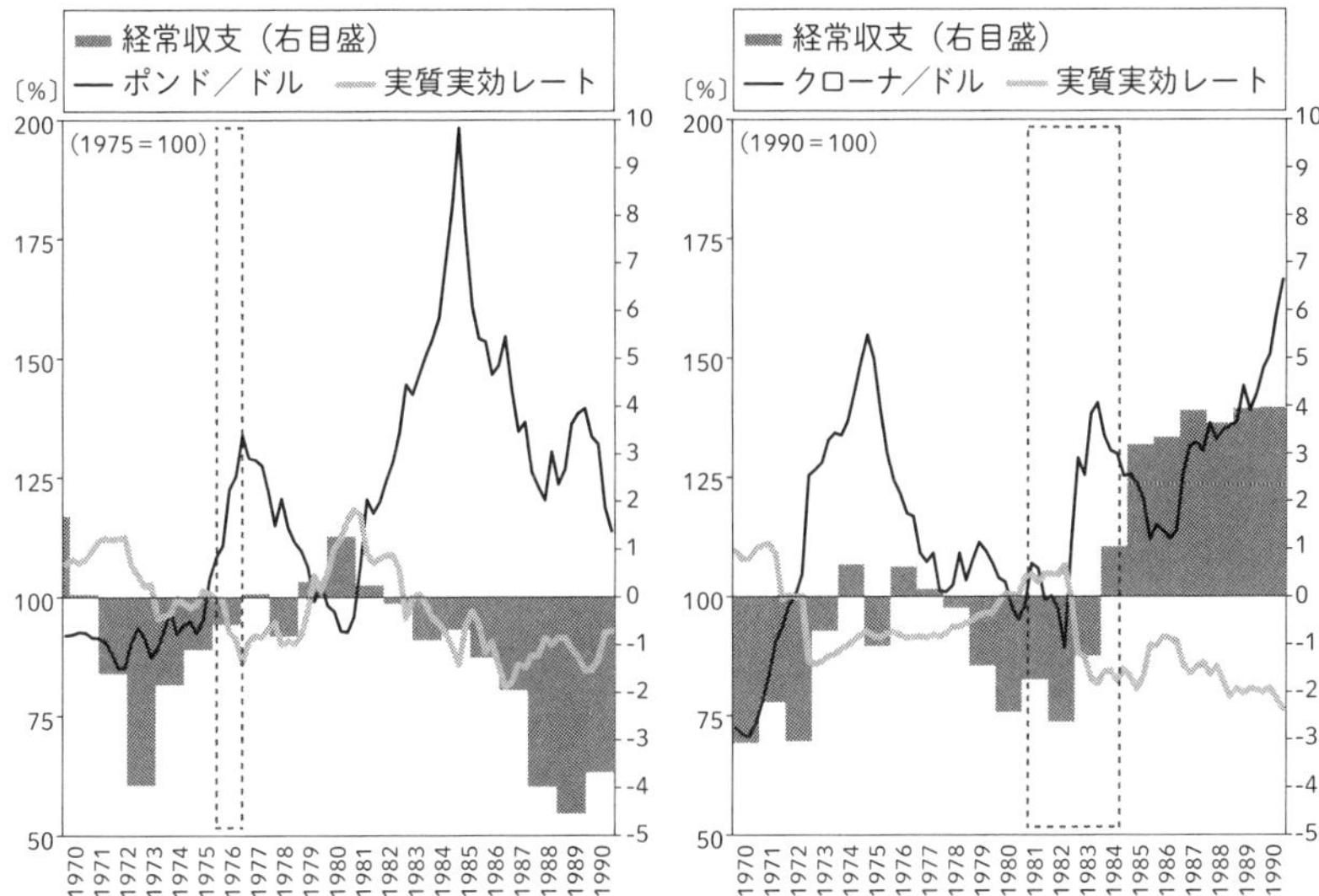

図41-1　イギリスIMF危機（1976年）
（データ出所：OECD、IMF、BIS）

図41-2　スウェーデン危機（91～94年）
（データ出所：OECD、IMF、BIS）

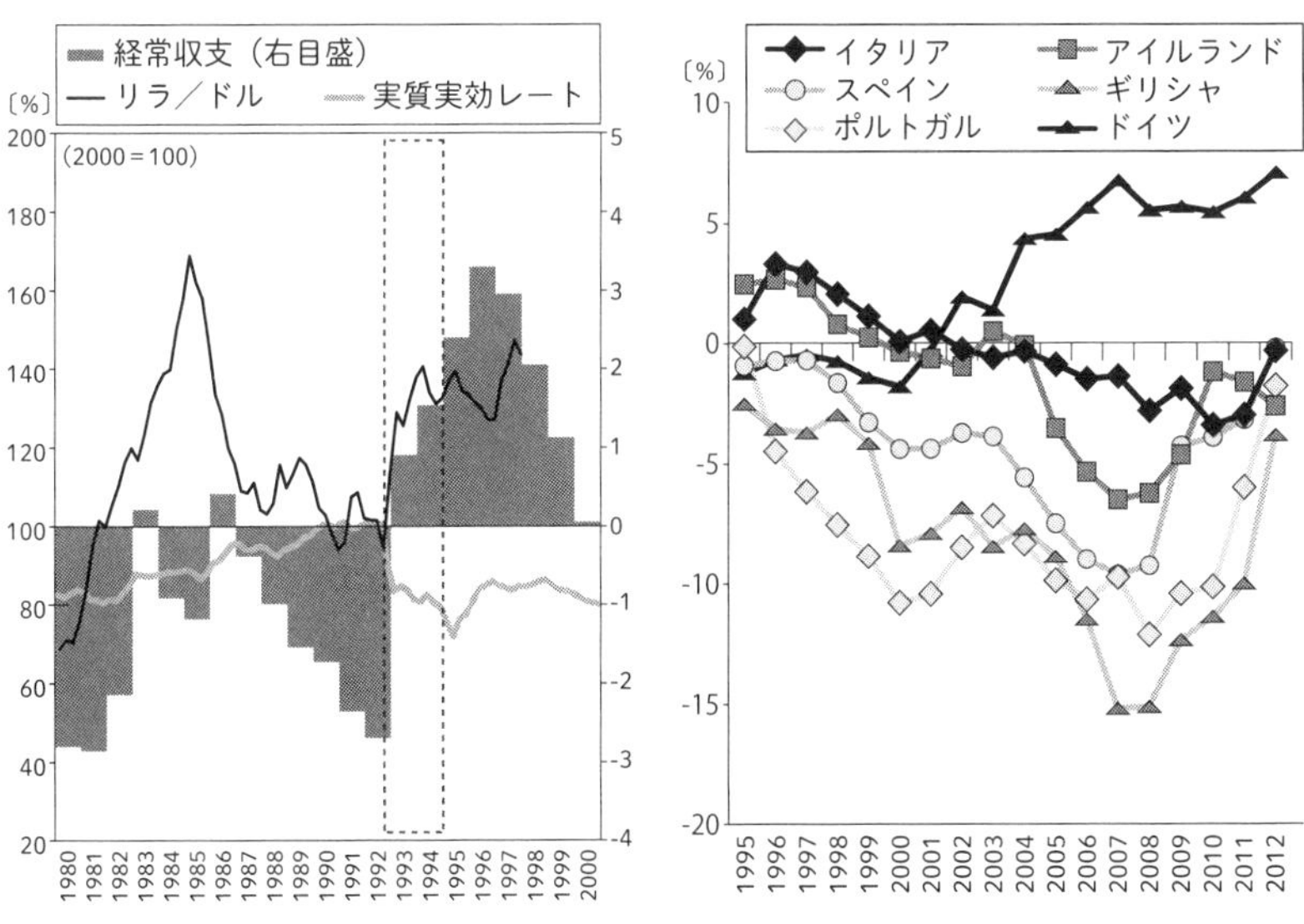

図41-3　イタリア危機（92～93年）
（データ出所：OECD、IMF、BIS）

図41-4　欧州債務危機
（2009年～／経常収支GDP比）
（データ出所：OECD、IMF、BIS）

◎年金支給開始年齢の引き上げ

日本の年金制度が本格的にスタートしたのは１９６１年のことです。当時の男性の平均寿命は約65歳、女性は約70歳でした。そのため、55歳から支給された厚生年金を会社員だった男性は10年間、今も65歳から支給される国民年金は扶養女性らが5年間程度受給するような制度でした。

これなら若い世代の多かった当時の日本にとっては負担にはなりません。一方、２０１８年の日本人の平均寿命は男性が約81歳、女性が87歳と当時に比べて大幅に伸びたうえ少子化も進んでいますから、年金制度の維持が厳しくなるのは当然です。日本より平均寿命の短い欧米でさえ年金の支給開始年齢を67～68歳に引き上げることを決めているだけに、日本においても75歳を選択肢に入れるといった改革は必要になっています。

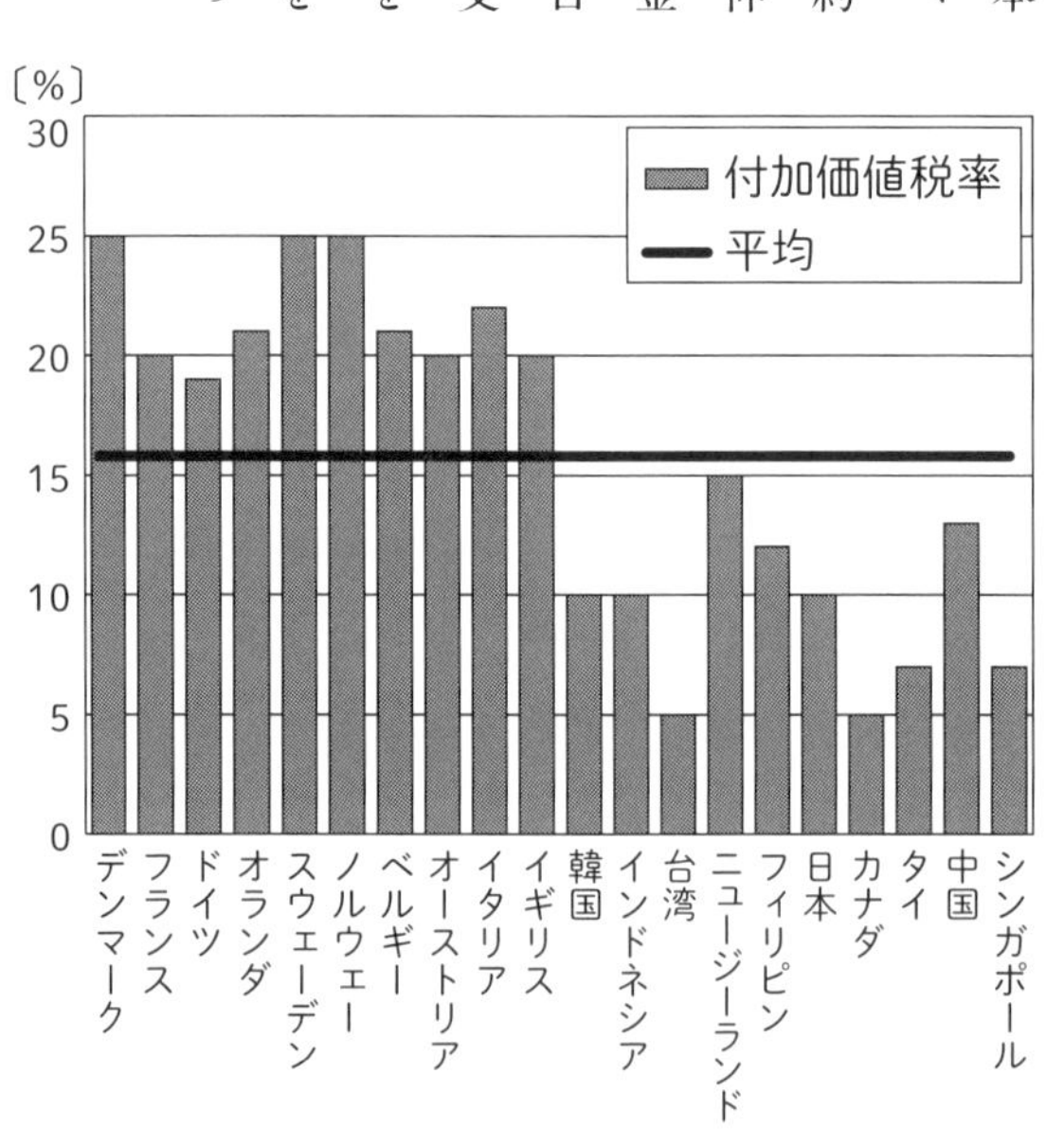

図42　付加価値税率の国際比較（データ出所：財務省）

ジェネリック普及率の拡大

欧米並みなら8割ぐらいとなりますが、平成29年時点の60%を欧米並みの80%に引き上げれば年間で8000億円近い医療費削減につながります。

窓口負担の増額

患者の窓口負担を増やしていくことで、シニアの過剰診療の抑制にもつながります。

医療保険の範囲縮小

花粉症など市販薬と同じ成分の薬の自己負担率を上げることで、医療保険の範囲の縮小が可能になります。

高齢者負担の引き上げ

75歳以上の窓口負担を2割にするといった議論が行われていますが、ここで重要なのは所得の把握の仕方です。世の中には所得は年金だけと言いながらも、多額の金融資産のある人もいます。持てる人には相応の負担をしてもらうことも、社会保障財政の効率化のためには必要なことなのです。

医療費の地域差縮小

1人あたりの医療費が最も少ないのが茨城県で、多いのが九州や四国となっています。こうした地域格差を改善するためにも他の道府県のいいところを学べば効率化の助けになります。

ここまで見てきたように、「日本の財政」についてはたくさんの誤解があります。たしかに日本は長期のデフレに苦しんできましたし、多額の借金を抱えていることも事実ですが、だからといって日本が財政危機となるリスクはとても低いし、慌てて緊縮財政に走る必要もありません。

それよりも、今やるべきはアベノミクスによって最悪期を脱し、正常化へと向かい始めた経済の好循環を早急な増税や緊縮財政によって断ち切らないことなのです。経済の正常化の基準は物価が上がり、賃金が増え、家計の可処分所得が増加することです。それを実感することができれば将来不安から消費を抑えている人々のマインドも変わり、さらなる経済の好循環へと向かうことができるのです。

Basil J. Moore ［1988］
“Horizontalists and Verticalists: The Macroeconomics of Credit Money” （Cambridge University Press）
Blanchard, O ［2019］
“Public Debt and Low Interest Rates”
（American Economic Review 109 （4） : 1197-1229）
Blanchard,O and L Summers ［2019］
“Evolution or Revolution? Rethinking Macroeconomic Policy after the Great Recession” （MIT Press）
Christopher A. Sims ［2016］
“Fiscal Policy, Monetary Policy and Central Bank Independence”
（Federal Reserve Bank of Kansas City website）
John Maynard Keynes ［1936］
“The General Theory of Employment, Interest and Money”
John R. Hicks ［1937］
“Mr Keynes and the Classics: A suggested simplification”
（Econometrica）
Koichi Hamada ［2019］
“Does Japan Vindicate Modern Monetary Theory?”
（Project Syndicate）
L. Randall Wray ［2015］
“Modern Money Theory: A Primer on Macroeconomics for Sovereign Monetary Systems, Second Edition”
（Palgrave Macmillan）

L. Randall Wray [2015]
“Why Minsky Matters: An Introduction to the Work of a Maverick Economist”（Princeton University Press）
L.Randall Wray [1991]
“Money and Credit in Capitalist Economies: The Endogenous Money Approach”（Edward Elgar Pub）
L・ランダル・レイ [2019]
“MMT 現代貨幣理論入門”（東洋経済新報社）
N. グレゴリー・マンキュー [2017]
“マンキュー マクロ経済学Ｉ入門篇（第４版）”東洋経済新報社
Olivier Blanchard, Lawrence H. Summers [2019]
“Evolution or revolution: An afterword”（VOXEU）
Rachel, L and L Summers [2019]
“On Falling Neutral Real Rates, Fiscal Policy, and the Risk of Secular Stagnation”（Brookings Papers on Economic Activity）
Warren　Mosler [1993]
“Soft Currency Economics Ⅱ（MMT - Modern Monetary Theory Book 1）”（Amazon Services International, Inc.）
William Mitchell、L. Randall Wray、Martin Watts
“Macroeconomics”（Red Globe Press; 1st ed. 2019 版）

アダム ファーガソン［２０１１］「ハイパーインフレの悪夢」（新潮社）

アデア・ターナー［２０１６］『債務、さもなくば悪魔―ヘリコプターマネーは世界を救うか？―』（日経ＢＰ社）

ウィクセル［２００４］「利子と物価（近代経済学古典選集（７））」（日本評論社）

オリヴィエ・ブランシャール　田代毅［２０１９］「日本の財政政策の選択肢」（ＰＩＩＥ　ＰＯＬＩＣＹ　ＢＬＩＥＦ１９―７）

ケインズ［２００５］「貨幣改革論　若き日の信条」（中央公論新社）

トマ・ピケティ［２０１４］「21世紀の資本」（みすず書房）

ベン・Ｓ・バーナンキ［２０１７］「日本の金融政策に関する一考察」（日本銀行ＨＰ）

ローレンス・サマーズ、ベン・バーナンキ、ポール・クルーグマン、アルヴィン・ハンセン［２０１９］「景気の回復が感じられないのはなぜか―長期停滞論争」（世界思想社）

永濱利廣［２０１３］「図解　90分でわかる！日本で一番やさしい「アベノミクス」超入門」（東洋経済新報社）

永濱利廣［２０１９］「良い財政政策、悪い財政政策…各国が財政出動競争の一方、日本だけ国民負担増の施策」（ビジネスジャーナル）

永濱利廣［２０１９］「話題のＭＭＴ（現代貨幣理論）とは～ＭＭＴ自体は異端だが、主流派経済学者も財政出動容認に変化」（ＦＮＮ　ＰＲＩＭＥ）

宮尾龍蔵［２０１９］「現代貨幣理論ＭＭＴを問う（下）政策の枠組み、日本と創意」（日本経済新聞）
山形浩生（編・訳）［２０１１］「要約ケインズ雇用と利子とお金の一般理論」ポット出版
若田部真澄［２０１７］「日本経済の現状と金融・財政政策の展望：アベノミクスの再起動に向けて」（月間資本市場Ｎｏ．３８８）
松尾匡［２０１９］「『ＭＭＴ』や『反緊縮論』が世界を動かしている背景」（東洋経済オンライン）
西井泰之［２０１９］「浜田宏一氏が語る「ＭＭＴは均衡財政への呪縛を解く解毒剤」（ダイヤモンドオンライン）
西孝［２０１３］「アベノミクスのＩＳ－ＬＭ分析」（杏林社会科学研究 第29巻3号）
村上尚己［２０１９］「消費増税策の是非を議論しない日本はおかしい」（東洋経済オンライン）
中野剛志［２０１９］「全国民が読んだら歴史が変わる奇跡の経済教室【戦略編】」（ベストセラーズ）
中野剛志［２０１９］「目からウロコが落ちる 奇跡の経済教室【基礎知識編】」（ベストセラーズ）
飯田泰之・中里透［２０１５］「コンパクトマクロ経済学」（新世社）
朴勝俊［２０１９］「ＭＭＴとは何か」（エコノミックポリシーレポート２０１９－０１２）
野口旭［２０１５］「世界は危機を克服する：ケインズ主義２・０」（東洋経済新報社）
野口旭［２０１９］「ＭＭＴの批判的検討（１）～（６）」（ニューズウィーク日本版　ケイザイを

読み解く）
野口悠紀雄［２０１９］「ＭＭＴが問題なのは無駄な歳出を増やすから」（週刊ダイヤモンド ２０１９年5月11日号）
松元崇［２０１９］「日本経済 低成長からの脱却」（ＮＴＴ出版）

【著者紹介】

永濱 利廣（ながはま・としひろ）

経済調査部・首席エコノミスト

■ 略歴等

1995年3月 早稲田大学理工学部工業経営学科卒。
2005年3月 東京大学大学院経済学研究科修士課程修了。

1995年4月 第一生命保険入社。1998年4月より日本経済研究センター出向。
2000年4月より第一生命経済研究所経済調査部、2016年4月より現職。

総務省消費統計研究会委員、景気循環学会理事、跡見学園女子大学非常勤講師、国際公認投資アナリスト（CIIA）、日本証券アナリスト協会認定アナリスト（CMA）、㈱あしぎん総合研究所客員研究員、あしかが輝き大使、佐野ふるさと特使、NPO法人ふるさとテレビ顧問。

■ 受賞等

景気循環学会中原奨励賞（2015）

■ 著 書

「男性不況―『男の職場』崩壊が日本を変える」（東洋経済新報社）
「日本経済のほんとうの見方、考え方：円の実力は1ドル＝110円」（PHP研究所）
「図解90分でわかる！日本で一番やさしい『アベノミクス』超入門」（東洋経済新報社）
「図解90分でわかる！日本で一番やさしい『財政危機』超入門」（東洋経済新報社）
「エコノミストが教える経済指標の本当の使い方」（HEIBONSHA BUSINESS）
「知識ゼロからの経済指標」（幻冬舎）、「日本経済　黄金期前夜」（東洋経済新報社）
「エコノミストが実践するどんな相手も納得させるレポート作成術」（青春出版社）
「エコノミストの父が、子どもたちにこれだけは教えておきたい大切なお金の話」（ワニ・プラス）等。

MMTとケインズ経済学

2020年 3月10日　初版第1刷発行

著　者　永　濱　利　廣
発行者　中　野　進　介
発行所　株式会社 ビジネス教育出版社

〒102-0074　東京都千代田区九段南 4－7－13
TEL 03(3221)5361(代表)／FAX 03(3222)7878
E-mail ▶ info@bks.co.jp　URL ▶ https://www.bks.co.jp

印刷・製本／中央精版印刷株式会社
執筆協力／桑原晃弥　ブックカバーデザイン／飯田理湖　本文デザイン・DTP／坪内友季
落丁・乱丁はお取替えします。

ISBN978-4-8283-0793-0